Nombreux sont appelés

DAG HEWARD-MILLS

Parchment House

Sauf indication contraire, toutes les citations bibliques sont tirées de la Version King James de la Bible.

Copyright © 2009 Dag Heward-Mills

Publié pour la première fois en 2010 par Lux Verbi.BM (Pty) Ltd.
Première édition 2010

Titre original : Many Are Called
Publié pour la première fois en 2011 par Parchment House

Version française publiée pour la première fois en 2011
Troisième impression en 2015
par Parchment House

Traduit par : Professional Translations, Inc.

Pour savoir plus sur Dag Heward-Mills
Campagne Jésus qui guérit
Écrivez à : evangelist@daghewardmills.org
Site web : www.daghewardmills.org
Facebook : Dag Heward-Mills
Twitter : @EvangelistDag

ISBN : 978-9988-1-3715-1

Dédicace
À *Kate Allotey*
Merci pour ce travail dans le ministère depuis de nombreuses années
comme un berger et un pasteur laïc.

Table des matières

Chapitre 1

La raison pour laquelle vous êtes encore en vie

Car nous sommes son ouvrage, ayant été créés en Jésus-Christ pour de bonnes œuvres, que Dieu a préparées d'avance, afin que nous les pratiquions.

Éphésiens 2:10

Une fois, je bavardais avec le chauffeur d'un taxi noir anglais qui me conduisait dans le centre de Londres. Je lui ai demandé s'il croyait en Dieu.

Il a répondu : « Certainement pas. Je ne crois pas en Dieu. »

Alors je lui ai demandé, « Croyez-vous que l'enfer existe ? »

« Bien sûr que non, » a t-il rétorqué.

J'ai continué, « Croyez-vous au Paradis ? »

« Je ne crois pas à une telle chose. »

Ensuite le chauffeur de taxi m'a dit : « Laissez-moi vous poser une question. »

« Bien sûr, n'hésitez pas. Posez n'importe quelle question que vous voulez, » je répondrai.

Il m'a demandé : « Croyez-vous au paradis ? »

« Bien sûr que oui, » lui répondis-je.

« Alors, laissez-moi vous poser une autre question. »

Il me demanda : « Si vous, vous croyez au paradis, pourquoi ne pas vous donner la mort tout simplement et y aller directement. Après tout, vous échapperez à toutes ces factures, dettes et autres problèmes de ce monde. »

J'ai été choqué car ne m'y attendais pas. Mais cette question était pertinente. Si le ciel était si merveilleux, qu'est ce que je faisais encore sur terre ? Pourquoi à l'instant où je parle, je ne me suis pas encore suicidé afin de quitter ce monde de malheurs ?

Je me dit : « C'est une bonne question. » Mais avant que j'aie eu la chance de lui répondre, nous étions déjà arrivés à destination.

Depuis cette conversation avec le chauffeur de taxi, je n'ai cessé de répondre à sa question lors de divers rassemblements chrétiens : pourquoi n'allons-nous pas au paradis sur le champ, sachant que nous sommes sauvés ! Même si Dieu a touché nos vies et nous a fait la promesse du ciel, il reste du travail à faire sur terre. Beaucoup de choses restent à faire pour accomplir l'œuvre de Dieu. Dieu attend que nous répondions à son grand amour par un engagement à la réalisation de son œuvre.

Lorsque nous venons à Jésus, Il nous ôte le fardeau de nos péchés et des ténèbres et nous remet son fardeau. « Venez à moi, vous tous qui êtes fatigués et chargés, et je vous donnerai du repos. PRENEZ MON JOUG SUR VOUS, et apprenez de moi, car je suis doux et humble de cœur, et vous trouverez du repos pour vos âmes » (Matthieu 11:28-29). Quel est le fardeau de Christ ? C'est le fardeau des âmes perdues de ce monde.

Il est surprenant de constater que bon nombre de chrétiens vivent sans se rendre compte que la raison de leur existence est de faire quelque chose pour Dieu. Ils ne sont pas en vie pour construire des maisons et profiter des bonnes choses de ce monde. Ils ne sont pas en vie pour se faire plus d'argent et amasser des trésors sur terre. Nous n'avons qu'une seule raison d'être en vie et c'est celle de servir le Seigneur qui a tout abandonné pour nous. C'est une triste réalité mais beaucoup de choses enseignées dans le corps du Christ détournent les chrétiens de leur véritable mission dans ce monde.

« *Pensons à notre Dieu, notre Sauveur et notre Roi. Celui qui a tout donné. Il a renoncé à tout...afin que nous puissions être ses amis.* »[1] Je sais que nous pensons rarement à notre Sauveur et notre Roi. Nous pensons rarement à celui qui a tout donné. C'est pourquoi nous abandonnons rarement tout. C'est aussi pourquoi nous sommes si pauvres et si stériles dans le Royaume.

Paroles du chant de Tommy Walker « Let's think about our God »

Chapitre 2

Beaucoup de chrétiens
sont appelés

S i vous étiez Dieu et que vous aviez six milliards de personnes à sauver, que feriez-vous? Auriez-vous envoyé une ou deux personnes pour les sauver ou leur enverriez un grand nombre de personnes? Bien sûr, vous enverriez de nombreuses personnes sur le terrain pour moissonner. Et c'est exactement ce que Dieu fit. *Il a appelé beaucoup de gens !*

Ne soyez pas trompés par certains pasteurs que vous voyez assis aux premiers rangs dans les églises. Cela donne toujours l'impression que quelques-uns ont été appelés, ou que le plus grand nombre de la congrégation n'a pas été appelé.

En fait, il en est autrement. Beaucoup, et pas seulement quelques pasteurs, sont appelés à œuvrer pour sauver le monde.

Cinq remarques importantes sur
l'appel de Dieu

1. Beaucoup sont appelés.

Beaucoup sont appelés, mais peu sont choisis.

Matthieu 22:14

Que signifie « beaucoup sont appelés » ?

Beaucoup sont appelés signifie qu'*un grand nombre* de personnes sont appelées.

Beaucoup sont appelés signifie que *les masses* sont appelés.

Beaucoup sont appelés signifie qu'*un nombre important* de personnes sont appelées.

Beaucoup sont appelés signifie que *nombreuses personnes* sont appelées.

Beaucoup sont appelés signifie qu'un *nombre incalculable* de personnes sont appelées.

Beaucoup sont appelés signifie que *beaucoup de gens* ont été appelés.

Beaucoup sont appelés signifie que *la majorité des gens* sont appelés.

Beaucoup sont appelés signifie que *la plupart des gens* sont appelés.

Malheureusement, bon nombre de pasteurs traitent leurs congrégations comme s'il s'agissait d'une masse de non appelés. Ils traitent la masse comme un nombre de personnes incapables de faire quoique ce soit pour Dieu. Bon nombre de pasteurs enseignent à leurs congrégations comment faire pour avoir « une vie meilleure », Une grande partie de la prédication est axée sur nous-mêmes, nos vies, nos mariages, nos maisons, nos finances, etc. C'est ce type de prédication qui a créé les grandes congrégations égoïstes et stériles d'aujourd'hui.

Pasteurs, apôtres, évangélistes, et enseignants sont censés perfectionner les fidèles *afin que ces derniers à leur tour réalisent l'œuvre du ministère*. Même l'évangéliste, qui est généralement à la récolte des âmes a pour rôle principal de perfectionner les fidèles pour l'œuvre du ministère. « Et il a donné les uns comme apôtres, les autres comme prophètes, les autres comme évangélistes, les autres comme pasteurs et docteurs, pour le perfectionnement des saints en vue de l'œuvre du ministère et l'édification du corps de Christ » (Ephésiens 4:11-12).

2. Il existe un appel à la fécondité.

> « *Vous n'avez pas besoin d'entendre un appel, vous êtes déjà appelés.* »
>
> *Keith Green*

Vous êtes appelés à faire quoi ? Êtes-vous appelés à être apôtres, évangélistes, ou enseignants ? La réponse est simple, « Non ». Bon nombre d'entre nous n'avons pas reçu ces grands appels fantastiques. *Nous sommes tout simplement appelés à être féconds.*

Ce n'est pas vous qui m'avez élu, mais c'est moi qui vous ai élus, et qui vous ai établis, afin que vous alliez [partout] et que vous produisiez du fruit, et que votre fruit soit permanent ; afin que tout ce que vous demanderez au Père en mon Nom, il vous le donne.

Jean 15:16

Si nous devions suivre nos enseignements chrétiens à leurs conclusions logiques, la plupart des chrétiens feraient des sacrifices et quelque chose pour Dieu. Le plus triste, et peut-être, le moins enviable chez bon nombre de chrétiens d'aujourd'hui, c'est le peu de temps que nous accordons à Christ. Nous avons été sauvés par un acte étonnant d'amour et de grâce, mais nous ne sommes pas prêts à renoncer à tout pour sauver celle des autres. Il est si triste de voir les chrétiens perdent leur vie, et ne rien faire pour le Seigneur.

3. **Certaines personnes sont appelées de manière specta-culaire.**

Or il arriva qu'en marchant il approcha de Damas, et tout à coup une lumière resplendit du ciel comme un éclair tout autour de lui. Et étant tombé par terre, il entendit une voix qui lui disait : Saul, Saul, pourquoi me persécutes-tu ? Et il répondit : qui es-tu, Seigneur ? Et le Seigneur lui dit : je suis Jésus, que tu persécutes ; il t'est dur de regimber contre les aiguillons.

Et lui tout tremblant et tout effrayé, dit : Seigneur, que veux-tu que je fasse ? Et le Seigneur lui dit : lève-toi, et entre dans la ville, et là il te sera dit ce que tu dois faire.

Actes 9:3-6

L'apôtre Paul a été appelé d'une façon inhabituelle et spectaculaire. Il vit une lumière resplendissante descendre du ciel et entendit une voix lui parler. Il s'écroula et fut frappé de cécité pendant plusieurs jours. Malheureusement, chaque fois que quelqu'un parle d'une expérience qu'il a vécue, tout le monde veut vivre la même expérience. Tout le monde veut voir une lumière et entendre une voix ; sinon, personne ne croira avoir été appelé. Malheureusement, Dieu ne peut pas être mis dans une boîte et il ne faut pas s'attendre à ce qu'il répète de la même chose à plusieurs reprises.

Je me souviens avoir lu de quelle façon Kenneth Hagin avait été guéri d'une maladie cardiaque et de quelle façon il se leva d'un lit de mort. Un jour, j'étais malade et j'ai essayé de simuler la même expérience. Je vous le dis, mon cher ami, j'ai failli perdre ma vie en essayant de vivre la même chose qu'a vécue Kenneth Hagin. Croyez-moi, Dieu entre en contact avec différentes personnes de différentes manières.

4. Certaines personnes sont appelées de manière ordinaire.

Mais il lui dit : Sors, et tiens-toi sur la montagne devant l'Éternel. Et voici, l'Éternel passait, et un grand vent impétueux, qui fendait les montagnes, et brisait les rochers, allait devant l'Éternel ; mais l'Éternel n'était point dans ce vent. Après le vent [se fit] un tremblement ; mais l'Éternel n'était point dans ce tremblement.

Après le tremblement venait un feu; mais l'Éternel n'était point dans ce feu. Après le feu venait un son doux et subtil.

1 Kings 19:11-12

C'est formidable de vivre l'expérience de Dieu de façon extraordinaire. Nous avons tous des expériences spectaculaires avec Dieu. En tant que prédicateur, j'en ai vécu tellement qu'il me serait impossible de les partager avec la congrégation. J'ai toujours pensé que cela me ferait passer pour quelqu'un d'extrêmement puissant. Miséricorde !

À mon avis, la plupart des gens sont appelés de manière ordinaire, ce qui les fait ignorer leur appel. Lorsque je prêche sur l'appel des peuples, je me rends compte que cela éveille quelque chose d'enfouie en eux. Beaucoup de gens sont appelés, mais ils ne le savent tout simplement pas. Ils attendent que leur appel se produise de manière spectaculaire. Mais l'appel vient souvent de façon ordinaire. Des prophètes comme Élie ont fait l'erreur de rechercher l'appel de Dieu d'une manière extraordinaire et spectaculaire. Si vous continuez à chercher l'appel de Dieu de cette manière, vous perdrez votre bénédiction. « ...Et voici, l'Éternel passait, et un grand vent impétueux, qui fendait les montagnes, et brisait les rochers, allait devant l'Éternel ; mais l'Éternel n'était point dans ce vent. Après le vent [se fit] un tremblement ; mais l'Éternel n'était point dans ce tremblement. Après le tremblement venait un feu; mais l'Éternel n'était point dans ce feu. Après le feu VENAIT UN SON DOUX ET SUBTIL. Et il arriva que dès qu'Elie l'eut entendu, il enveloppa son visage de son manteau, et sortit, et se tint à l'entrée de la caverne. Et VOICI, UNE VOIX LUI FUT ADRESSÉE, ET LUI DIT : Quelle affaire as-tu ici, Élie ? (1 Rois 19:11-13). »

5. Certaines personnes sont appelées au travers d'un souhait.

Cette parole est certaine : Si quelqu'un aspire à la charge d'évêque, il désire une œuvre excellente.

1 Timothée 3:1

C'est ainsi que j'ai reçu mon appel. Je n'ai pas eu toutes les expériences extraordinaires dont parlent les gens. Je suis tout surpris lorsque j'entends parler de la façon dont les gens reçoivent leur appel au ministère. Je n'ai pas eu de telles rencontres extraordinaires, mais je crois que je suis réellement appelé par Dieu. Je n'ai pas vu de lumière, ni entendu de voix. Jésus ne m'est jamais apparu pour m'inviter à entrer dans le ministère. Pourtant, je crois que je suis réellement destiné au ministère.

Je me souviens une fois, un frère est venu passer un week-end chez moi . Quelques mois plus tard, il m'a parlé d'une rencontre qu'il avait eu avec le Seigneur dans ma maison. Il était mon invité et il avait une chambre à l'étage avec le reste de la famille. Il a décrit comment, une nuit, la porte s'ouvrit brusquement et le Seigneur Jésus entra dans la chambre. Il m'a dit comment le Seigneur Jésus lui mit quelque chose dans la main et lui dit qu'il l'avait commandé à une grande œuvre.

Je ne pouvais croire ce que j'entendais - Jésus apparaissant à un visiteur dans ma maison ! Tandis que ce frère continuait de décrire sa rencontre avec le Seigneur, ma colère, grandissait de plus en plus mais je devais me retenir. Je devais plutôt faire semblant d'être content de cette rencontre avec Jésus.

« Ceci est ce pour quoi j'ai toujours prié » me suis-je dit. J'étais en colère contre le Seigneur parce que je raisonnais ainsi, « Pourquoi Jésus vient dans ma maison, me traverse (moi) le propriétaire, l'hôte et va rendre visite à une personne qui était de passage, mon invité. »

« Le Seigneur était-il aussi injuste » ? pensais-je.

J'avais prié pendant des années et des années pour que le Seigneur m'apparaisse. Je cherchais désespérément à être comme Kenneth Hagin qui pouvait décrire des visites personnelles de Jésus et les heures de discussions qu'il avait eues avec le Seigneur au sujet de divers aspects du ministère.

Comment se fait-il que cela ne m'arrivait pas ? Pourquoi cela arrivait-il aux visiteurs dans ma maison ?

Toutefois, malgré l'absence de telles visions, le Seigneur m'a donné un ministère. Je n'ai pas eu de rencontres spectaculaires mais je ne peux qu'encourager d'autres personnes qui n'en n'ont également pas eu de croire en Dieu et croire à leur appel.

Chapitre 3

Comment des personnes différentes ont été appelées

Dieu a de nombreuses façons d'appeler ses serviteurs. Malheureusement, vous ne pouvez pas imposer à Dieu la manière particulière par laquelle vous souhaiteriez être appelés. Il n'exécute aucun des modèles que nous aimerions lui imposer.

Dieu n'est pas un ordinateur qui peut être programmé afin de se comporter de la même façon à chaque fois. Chaque fois que vous appuyez sur Ctrl 'S', l'ordinateur sauvegarde quelque chose. Chaque fois que vous appuyez sur Ctrl 'C', l'ordinateur copie quelque chose. Chaque fois que vous appuyez sur Ctrl 'V', l'ordinateur colle ce qui a été copié. L'ordinateur a toujours une même réponse pour la même commande. C'est un ordinateur, mais ce n'est pas Dieu !

Dieu n'appellera pas les gens chaque fois de la même manière. La façon dont Il m'a parlé peut être complètement différente de la façon dont Il va vous parler. Par exemple, Paul a exhorté Timothée à chercher des personnes qui désirent travailler pour lui. En revanche, dans la vie de Moïse, nous voyons comment quelqu'un qui ne souhaitait pas une rencontre divine a été appelé. Je veux partager avec vous quelques différentes voies par lesquelles Dieu pourrait vous appeler à son service.

1. L'appel divin de Paul à travers des convictions silencieuses :

> Si j'annonce l'Évangile, ce n'est pas pour moi un sujet de gloire, CAR LA NÉCESSITÉ M'EN EST IMPOSÉE, et malheur à moi si je n'annonce pas l'Évangile !
>
> 1 Corinthiens 9:16

Il n'y a rien de plus important que la conviction personnelle de servir le Seigneur. Plusieurs fois, j'ai ressenti la peur de ne pas suivre le Seigneur dans le ministère. Je suis profondément convaincu que je dois être dans le ministère, sans rien faire d'autre et pour le restant de mes jours. Sans une telle profession de foi, vous ne survivriez pas aux différentes expériences, tentations et batailles qui attendent ceux qui sont attachés au Seigneur.

2. L'appel divin d'Abraham par la Parole du Seigneur :

Or l'Éternel avait dit à Abraham : Sors de ton pays, et d'avec ta parenté, et de la maison de ton père, et viens au pays que je te montrerai. Et je te ferai devenir une grande nation, et te bénirai, et je rendrai ton nom grand, et tu seras une source de bénédiction.

Je bénirai ceux qui te béniront, et je maudirai ceux qui te maudiront ; et toutes les familles de la terre seront bénies en toi. Abraham donc partit, comme l'Éternel lui avait dit, et Lot partit avec lui. Abraham était âgé de soixante-quinze ans, lorsqu'il sortit de Charan.

Genèse 12:1-4

3. L'appel divin de Jacob à travers un rêve :

Jacob quitta donc Béer-Sébah, et s'en alla à Charan. Et il se retrouva en un lieu où il passa la nuit, parce que le soleil était couché. Il prit donc des pierres de ce lieu-là, et en fit son chevet, ensuite il s'endormit sur place.

IL EUT UN SONGE; ET VOICI, UNE ÉCHELLE était appuyée sur la terre et son sommet touchait au ciel. Et voici, les anges de Dieu montaient et descendaient par cette échelle.

Et voici, l'ÉTERNEL se tenait sur l'échelle, et il lui dit : Je suis l'ÉTERNEL, le Dieu d'Abraham ton père, et le Dieu d'Isaac. La terre sur laquelle tu es couché, je la donnerai à toi et à ta postérité. Et ta postérité sera comme la poussière de la terre, et tu t'étendras à l'occident, à l'orient, au septentrion, et au midi ; et toutes les familles de la terre seront bénies en toi et en ta postérité.

Et voici, je suis avec toi ; et je te garderai partout où tu iras ; et je te ramènerai en ce pays ; car je ne t'abandonnerai point que je n'aie exécuté ce que je te dis. Jacob s'éveilla de son sommeil, il dit : Certainement ! L'ÉTERNEL est en ce lieu-ci, et je ne le savais pas.

Genèse 28:12-16

4. L'appel divin de Moïse à travers un évènement inhabituel qui attire son attention :

Moïse faisait paître le troupeau de Jéthro son beau-père, sacrificateur de Madian ; et il menait le troupeau derrière le désert, et vint à la montagne de Dieu, à Horeb. L'ange de l'Éternel lui apparut dans une flamme de feu, du milieu d'un buisson, et il regarda, et voici, le buisson était tout en feu, et le buisson ne se consumait point.

Alors Moïse dit : je me détournerai maintenant, et je regarderai cette grande vision, pourquoi le buisson ne se consume point. Et l'Éternel vit que Moïse s'était détourné pour regarder; et Dieu l'appela du milieu du buisson, en disant : Moïse, Moïse ! Et il répondit : me voici.

Et Dieu dit : n'approche point d'ici ; déchausse tes souliers de tes pieds, car le lieu où tu es arrêté, est une terre sainte. Il dit aussi : je suis le Dieu de ton père, le Dieu d'Abraham, le Dieu d'Isaac, et le Dieu de Jacob ; et Moïse cacha son visage, parce qu'il craignait de regarder vers Dieu.

Exode 3:1-6

5. L'appel divin d'Aaron à Moïse :

Alors la colère de l'Éternel s'enflamma contre Moïse, et il lui dit : N'y a-t-il pas ton frère Aaron, le Lévite ? Je sais qu'il parlera facilement. Le voici lui-même, qui au devant de toi ; et quand il te verra, il se réjouira dans son cœur. Tu lui parleras, et tu mettras les paroles en sa bouche ; et moi, je serai avec ta bouche et avec sa bouche, et je vous enseignerai ce que vous aurez à faire. Il parlera pour toi au peuple, il te servira de bouche, et tu tiendras pour lui la place de Dieu.

Exode 4:14-16

6. L'appel divin de Joseph à travers ses rêves d'enfance :

JOSEPH EU UN SONGE, et il le raconta à ses frères ; qui le haïrent encore davantage. Il leur dit : Écoutez, je vous prie, ce songe que j'ai eu !

Nous étions à lier des gerbes au milieu des champs ; et voici, ma gerbe se leva, et se tint debout ; et vos gerbes l'entourèrent et se prosternèrent devant elle. Ses frères lui dirent : Est-ce que tu règneras sur nous ? Est-ce que tu nous gouverneras ? Et ils le haïrent encore plus davantage à cause de ses songes et à cause de pour ses paroles.

IL EUT ENCORE UN AUTRE SONGE, et il le raconta à ses frères. Il dit : J'ai eu encore songé un songe, et voici, le soleil, la lune, et onze étoiles se prosternaient devant moi. Il le raconta à son père et à ses frères. Son père le réprimanda, et lui dit : Que signifie ce songe que tu as eu ? Faut-il que nous venions moi, ta mère et tes frères nous prosterner en terre devant toi ?

Genèse 37:5-10

7. L'appel divin de Josué, lorsque Moïse l'envoya :

Alors Moïse dit à Josué : Choisis-nous des hommes, sors, et combats Amalek ; demain je me tiendrai sur le sommet de la colline, la verge de Dieu dans ma main. Josué fit ce que lui avait dit Moïse, pour combattre Amalek.

Et Moïse, Aaron et Hur montèrent au sommet de la colline. Lorsque Moïse élevait sa main, Israël était le plus fort ; et lorsqu'il baissait sa main, Amalek était le plus fort.

Exode 17:9-11

8. L'appel divin de Samuel dans le temple de l'Éternel où il est formé à reconnaître la voix de Dieu, qui sonne comme une voix d'homme :

Le jeune Samuel était au service de l'Éternel devant Eli. La Parole de l'Éternel était rare en ce temps-là, les visions n'étaient pas fréquentes. En ce même temps, Eli, qui commençait à avoir les yeux troubles et ne pouvait plus voir, était couché à sa place, la lampe de Dieu n'était pas encore éteinte, et Samuel était couché dans le temple de l'Éternel, où était l'arche de Dieu.

Alors l'Éternel appela Samuel. Il répondit : Me voici ! Et il courut vers Eli, et dit : Me voici, car tu m'as appelé. Eli répondit : Je n'ai point appelé ; retourne te coucher. Et il alla se coucher.

L'Éternel appela de nouveau Samuel. Et Samuel se leva, alla vers Eli, et dit : Me voici, car tu m'as appelé. Eli répondit : Je n'ai point appelé, mon fils, retourne te coucher. Samuel ne connaissait pas encore l'Éternel, et la Parole de l'Éternel ne lui avait pas encore été révélée.

L'Éternel appela de nouveau Samuel, pour la troisième fois. Et Samuel se leva, alla vers Eli, et dit : Me voici, car tu m'as appelé. Eli comprit que c'était l'Éternel qui appelait l'enfant, Et il dit à Samuel : Va, couche-toi; et si l'on t'appelle, tu diras : Parle, Éternel, car ton serviteur écoute. L'Éternel vint et se présenta, et il appela comme les autres fois : Samuel, Samuel ! Et Samuel répon- dit : Parle, car ton serviteur écoute.

1 Samuel 3:1-10

9. **L'appel divin d'Elisée choisi par le signe d'un manteau jeté sur lui :**

Elie partit de là, et il trouva Elisée, fils de Schaphath, qui labourait. Il y avait devant lui douze paires de bœufs, et il était avec la douzième. Elie s'approcha de lui, et il jeta sur lui son manteau.

1 Rois 19:19

10. **L'appel divin de Jéroboam par la voix du prophète :**

Dans ce temps-là, Jéroboam, étant sorti de Jérusalem, fut rencontré en chemin par le prophète Achija de Silo, revêtu d'un manteau neuf. Ils étaient tous deux seuls dans les champs. Achija saisit le manteau neuf qu'il avait sur lui, le déchira en douze morceaux, et dit à Jéroboam : Prends pour toi dix morceaux ! Car ainsi parle l'Éternel, le Dieu d'Israël : Voici, je vais arracher le royaume de la main de Salomon, et je te donnerai dix tribus. Mais il aura une tribu, à cause de mon serviteur David, et à cause de Jérusalem, la ville que j'ai choisie sur toutes les tribus d'Israël. Et cela, parce qu'ils m'ont abandonné, et se sont prosternés devant Astarté, divinité des Sidoniens, devant Kemosch, dieu de Moab, et devant Milcom, dieu des fils d'Ammon, et parce qu'ils n'ont point marché dans mes voies pour faire ce qui est droit à mes yeux et pour observer mes lois et mes ordonnances, comme l'a fait David, père de Salomon.

Je n'ôterai pas de sa main tout le royaume, car je le maintiendrai prince tout le temps de sa vie, à cause de David, mon serviteur, que j'ai choisi, et qui a observé mes commandements et mes lois. Mais j'ôterai le royaume de la main de son fils, et je t'en donnerai dix tribus ;

Je laisserai une tribu à son fils, afin que David, mon serviteur, ait toujours une lampe devant moi à Jérusalem, la ville que j'ai choisie pour y mettre mon nom.

Je te prendrai, et tu régneras sur tout ce que ton âme désirera, tu seras roi d'Israël. Si tu obéis à tout ce que je t'ordonnerai, si tu marches dans mes voies et si tu fais ce qui est droit à mes yeux, en observant mes lois et mes commandements, comme l'a fait David, mon serviteur, je serai avec toi, je te bâtirai une maison stable, comme j'en ai bâti une à David, et je te donnerai Israël.

1 Rois 11:29-38

11. L'appel divin de David par l'onction du prophète :

Puis Samuel dit à Isaï : Sont-ce là tous tes fils ? Et il répondit : Il reste encore le plus jeune, mais il fait paître les brebis. Alors Samuel dit à Isaï : Envoie-le chercher, car nous ne nous placerons pas avant qu'il ne soit venu ici. Isaï l'envoya chercher. Or il était blond, avec de beaux yeux et une belle figure. L'Éternel dit à Samuel : Lève-toi, oins-le, car c'est lui !

SAMUEL PRIT LA CORNE D'HUILE, ET L'OIGNIT AU MILIEU de ses frères. L'esprit de L'ÉTERNEL saisit David, à partir de ce jour et dans la suite. Samuel se leva, et s'en alla à Rama.

1 Samuel 16:11-13

12. L'appel de Salomon à travers un double rêve :

L'ÉTERNEL fut irrité contre Salomon, parce qu'il avait détourné son cœur de l'ÉTERNEL, LE DIEU D'ISRAËL, QUI LUI ÉTAIT APPARU DEUX FOIS. Il lui avait à cet égard défendu d'aller après d'autres dieux ; mais Salomon n'observa point les ordres de L'ÉTERNEL. Et L'ÉTERNEL dit à Salomon : Puisque tu as agi de la sorte, et que tu n'as point observé mon alliance et mes lois que je t'avais prescrites, je déchirerai le royaume de dessus toi et je le donnerai à ton serviteur. Seulement, je ne le ferai point pendant ta vie, à cause de David, ton père. C'est de la main de ton fils que je l'arracherai.

1 Rois 11:9-12

13. L'appel divin d'Esaïe à travers une vision :

L'année de la mort du roi Ozias, JE VIS LE SEIGNEUR assis sur un trône très élevé, et les pans de sa robe remplissaient le temple. J'entendis la voix du Seigneur, disant : Qui enverrai-je, et qui marchera pour nous ? Je répondis : Me voici, envoie-moi. Il dit alors : Va, et dis à ce peuple...

Esaïe 6:1,8-9

14. L'appel divin d'Ezéchiel par la Parole du Seigneur :

Le cinquième jour du mois, c'était la cinquième année de la captivité du roi Jojakin, la Parole de l'Éternel fut adressée à Ezéchiel, fils de Buzi, le sacrificateur, dans le pays des Chaldéens, près du fleuve du Kebar ; et c'est là que la main de l'Éternel fut sur lui.

Ezéchiel 1:2-3

15. L'appel divin de Jérémie par la Parole du Seigneur :

Paroles de Jérémie, fils de Hilkija, l'un des sacrificateurs d'Anathoth, dans le pays de Benjamin. La Parole de L'ÉTERNEL lui fut adressée au temps de Josias, fils d'Amon, roi de Juda, la treizième année de son règne,

Et au temps de Jojakim, fils de Josias, roi de Juda, jusqu'à la fin de la onzième année de Sédécias, fils de Josias, roi de Juda, jusqu'à l'époque où Jérusalem fut emmenée en captivité, au cinquième mois.

LA PAROLE DE L'ÉTERNEL ME FUT ADRESSÉE, en ces mots : Avant que je t'eusse formé dans le ventre de ta mère, je te connaissais, et avant que tu fusses sorti de son sein, je t'avais consacré, je t'avais établi prophète des nations. Je répondis : Ah ! Seigneur ÉTERNEL ! voici, je ne sais point parler, car je suis un enfant.

Et L'ÉTERNEL me dit : Ne dis pas : Je suis un enfant. Car tu iras vers tous ceux auprès de qui je t'enverrai, et tu diras tout ce que je t'ordonnerai. Ne les crains point, car je suis avec toi pour te délivrer, dit L'ÉTERNEL. Puis L'ÉTERNEL étendit sa main, et toucha ma bouche ; et L'ÉTERNEL me dit : Voici, je mets mes paroles dans ta bouche. Regarde, je t'établis aujourd'hui sur les nations et sur les royaumes, pour que tu arraches et que tu abattes, pour que tu ruines et que tu détruises, pour que tu bâtisses et que tu plantes.

Jérémie 1:1-10

16. L'appel divin de Pierre, André, Jacques et Jean les invitant à le suivre :

Comme il marchait le long de la mer de Galilée, il vit deux frères, Simon, appelé Pierre, et André, son frère, qui jetaient un filet dans la mer ; car ils étaient pêcheurs. IL LEUR DIT : SUIVEZ-MOI, et je vous ferai pêcheurs d'hommes. Aussitôt, ils laissèrent les filets, et le suivirent. De là étant allé plus loin, il vit deux autres frères, Jacques, fils de Zébédée, et Jean, son frère, qui étaient dans une barque avec Zébédée, leur père, et qui réparaient leurs filets. Il les appela, et aussitôt ils laissèrent la barque et leur père, et le suivirent.

Matthieu 4:18-22

17. L'appel divin de Paul à travers des visites extraordinaires :

Cependant Saul, respirant encore la menace et le meurtre contre les disciples du Seigneur, se rendit chez le souverain sacrificateur, et lui demanda des lettres pour les synagogues de Damas, afin que, s'il trouvait des partisans de la nouvelle doctrine, hommes ou femmes, il les amenât liés à Jérusalem. Comme il était en chemin, et qu'il approchait de Damas, TOUT À COUP UNE LUMIÈRE VENANT DU CIEL RESPLENDIT AUTOUR DE LUI. Il tomba par terre, et il entendit une voix qui lui disait : Saul, Saul, pourquoi me persécutes-tu ?

Il répondit: Qui es-tu, Seigneur ? Et le Seigneur dit : Je suis Jésus que tu persécutes. Il te serait dur de regimber contre les aiguillons.

Tremblant et saisi d'effroi, il dit : Seigneur, que veux-tu que je fasse ? Et le Seigneur lui dit : Lève-toi, entre dans la ville, et on te dira ce que tu dois faire. Les hommes qui l'accompagnaient demeurèrent stupéfaits; ils entendaient bien la voix, mais ils ne voyaient personne. Saul se releva de terre, et, quoique ses yeux fussent ouverts, il ne voyait rien; on le prit par la main, et on le conduisit à Damas. Il resta trois jours sans voir, et il ne mangea ni ne but.

Actes 9:1-9

18. L'appel divin de Timothée à travers sa famille adoptive et la main de Paul :

Gardant le souvenir de la foi sincère qui est en toi, qui habita d'abord dans ton aïeule Loïs et dans ta mère Eunice, et qui, j'en suis persuadé, habite aussi en toi. C'est pourquoi je t'exhorte à ranimer le don de Dieu que tu as reçu par l'imposition de mes mains.

2 Timothée 1:5-6

Le commandement que je t'adresse, Timothée, mon enfant, selon les prophéties faites précédemment à ton sujet, c'est que, d'après elles, tu combattes le bon combat.

1 Timothée 1:18

Toi donc, mon enfant, fortifie-toi dans la grâce qui est en Jésus-Christ.

2 Timothée 2:1

Par la puissance de Dieu qui nous a sauvés, et nous a adressé une sainte vocation, non à cause de nos œuvres, mais selon son propre dessein, et selon la grâce qui nous a été donnée en Jésus-Christ avant les temps éternels.

2 Timothée 1:9

Chapitre 4

Ce qui caractérisent des personnes « appelées »

1. Dieu appelle *CEUX QUI ONT MANQUÉ DE RÉUSSITE.*

Moïse dit à Dieu : Qui suis-je, pour aller vers Pharaon, et pour faire sortir d'Egypte les enfants d'Israël ?

Exode 3:11

Moïse n'a pas réussi à délivrer le peuple à la première tentative, mais Dieu l'a choisi, bien qu'il n'ait pas réussi. Êtes-vous quelqu'un qui a manqué de réussite ? Qu'importe, bon nombre de personnes ont échoué dans leur mission de vie, néanmoins ils rentrent toujours dans le plan de Dieu.

2. Dieu appelle les *PERSONNES INDIGNES*

Moïse dit à Dieu : *Qui suis-je,* pour aller vers Pharaon, et pour faire sortir d'Égypte les enfants d'Israël ?

Exode 3:11

Si vous vous examinez en toute sincérité, vous vous rendrez compte combien vous êtes indignes. Mais ce sera votre capacité à surmonter ce sentiment d'indignité qui vous fera accéder au ministère. Ne laissez pas le sentiment d'indignité vous empêcher de répondre à l'appel du ministère. Nous savons tous que nous sommes indignes.

Si vous vous refusez d'obéir à Dieu à cause de votre indignité, vous serez le plus grand insensé de la terre. Dieu « appelle » les personnes indignes et il est en train de vous appeler.

3. Dieu appelle les personnes qui ont été *REJETÉES*

Il regarda de ce côté et de l'autre, et, voyant qu'il n'y avait personne, il tua l'Égyptien, et le cacha dans le sable.

Il sortit le jour suivant, et voici, deux Hébreux se

querellaient. Il dit à celui qui avait tort : Pourquoi frappes-tu ton prochain ?

Et cet homme répondit : *Qui t'a établi chef et juge sur nous ?* Penses-tu me tuer, comme tu as tué l'Égyptien ? Moïse eut peur, et dit : Certainement la chose est connue.

Exode 2:12-14

Le rejet fait partie de cette vie. Le rejet est une expérience très douloureuse. Être rejeté c'est se sentir détesté, manqué de respect et indésirable. J'ai été rejeté à plusieurs reprises. Plusieurs fois je me suis senti détesté, méprisable et indésirable. Il n'est pas facile de subir le rejet. Et pourtant, la plupart des gens se verront rejetées dans le cadre de leur cheminement spirituel.

Quelqu'un a dit : « Avant que vous soyez pleinement accepté, vous devez être rejeté ! »

Les modèles dans la Bible révèlent que la plupart des gens ont d'abord été rejetées avant d'être intégralement acceptées. Jésus-Christ a été rejeté par les Juifs avant d'être accepté comme le Sauveur. Moïse a été également rejeté par son peuple, mais a plus tard été accepté comme le libérateur d'Israël des mains des Égyptiens.

4. Dieu appelle les gens qui *MANQUENT DE CRÉDIBILITE*.

Moïse répondit, et dit : *Voici, ils ne me croiront point*, et ils n'écouteront point ma voix. Mais ils diront : L'Éternel ne t'est point apparu.

Exode 4:1

Certes, il n'y a rien de vous, qui amènerait particulièrement les gens à croire en Dieu. Bon nombre d'entre nous ne sommes que des gens ordinaires sans rien de spécial. En dépit de cela, Dieu utilise des gens ordinaires comme vous et moi. Il est étonnant de savoir que son œuvre pourrait être accomplie par des gens qui ne sont pas facilement crédibles. Cher ami, ayez la foi en Dieu. S'Il peut soulever des pierres pour L'adorer, alors Il peut se servir de vous.

5. Dieu appelle les gens ayant un *COMPLEXE D'INFÉRIORITÉ.*

Moïse dit à l'Éternel : Ah ! Seigneur, je ne suis pas un homme qui ait la parole facile, et ce n'est ni d'hier ni d'avant-hier, ni même depuis que tu parles à ton serviteur; car j'ai la bouche et la langue embarrassées.

Exode 4:10

Nous avons tous quelque chose qui nourrit en nous un certain complexe d'infériorité ! À cause de votre complexe d'infériorité, vous pensez que Dieu devrait choisir quelqu'un d'autre que vous. Moïse pensait qu'il n'était pas en mesure de s'exprimer aussi bien que d'autres personnes. Il demande au Seigneur d'envoyer quelqu'un d'autre. Faites attention aux demandes que vous adressez dans vos prières.

En effet, Dieu s'est fâché avec Moïse à cause des questions qu'il n'arrêtait pas de lui poser au sujet de son appel. Dieu a investi en lui pendant des années. Il l'a protégé des Égyptiens et l'a formé dans les palais égyptiens. Lorsqu'il fut temps pour lui de sortir du ministère, il donna des raisons. Mais aucune raison, peu importe l'humilité avec laquelle retentit, n'est assez suffisante pour rejeter l'appel de Dieu.

6. Dieu appelle les gens qui *ont échoué lors de PRÉCÉDENTES TENTATIVES* dans le ministère.

Moïse retourna vers l'Éternel, et dit : Seigneur, pourquoi as-tu fait du mal à ce peuple ? Pourquoi m'as-tu envoyé ? Depuis que je suis allé vers Pharaon pour parler en ton nom, il fait du mal à ce peuple, et tu n'as point délivré ton peuple.

Exode 5:22-23

Les miracles de Moïse n'ont pas produits l'effet souhaité par Moïse. Moïse a été déçu par Dieu et par lui-même. Peut-être vous avez vécu quelques lourdes déceptions dans le ministère. Ces déceptions ne doivent pas être considérées comme des indicateurs permettant de savoir si vous êtes appelés ou non. Être appelé n'a rien à voir avec les choses qui marchent ou les choses qui ne marchent pas ! Être appelé renvoie à votre conviction selon laquelle Dieu vous a nommé à son service.

Après cela Moïse et Aaron s'en allèrent et dirent à Pharaon : ainsi a dit l'ÉTERNEL, le Dieu d'Israël; laisse aller mon peuple, afin qu'il me célèbre une fête solennelle dans le désert. Mais Pharaon dit : qui est l'ÉTERNEL, pour que j'obéisse à sa voix et que je laisse aller Israël? Je ne connais point l'ÉTERNEL, et je ne laisserai point aller Israël.

Et ils dirent : le Dieu des Hébreux est venu au-devant de nous. Nous te prions que nous allions le chemin de trois jours au désert, et que nous sacrifiions à l'ÉTERNEL notre Dieu; de peur qu'il ne se jette sur nous par la mortalité, ou par l'épée. Et le Roi d'Égypte leur dit : Moïse et Aaron, pourquoi détournez-vous le peuple de son ouvrage? Allez maintenant à vos charges.

Pharaon dit aussi : voici, le peuple de ce pays est maintenant en grand nombre, et vous les faites chômer de leur travail. Et Pharaon commanda ce jour-là aux exacteurs [établis] sur le peuple, et à ses Commissaires, en disant : Vous ne donnerez plus de paille à ce peuple pour faire des briques, comme auparavant; [mais] qu'ils aillent, et qu'ils s'amassent de la paille.

Exode 5:1-7

7. Dieu appelle les gens qui *manquent d'ÉLOQUENCE*.

Alors je dis : Ah, Seigneur Dieu ! *Voici, je ne peux pas parler*, car je suis un enfant.

Jérémie 1:6

Une personne éloquente s'exprime facilement, de manière claire et concise. Le prophète Jérémie reconnaissait qu'il ne pouvait pas s'exprimer très bien. Il s'agit d'un complexe très souvent observé chez les personnes « appelés ». Lorsque vous écoutez les prédicateurs éloquents qui ont été dans le ministère depuis des années, vous vous demandez si vous serez un jour capable de parler comme eux. Face à des personnes aussi brillantes, il est toujours plus simple de rester dans votre monde de l'anonymat.

Lorsque Dieu m'a appelé au ministère, mon plus grand problème était mon incapacité à m'exprimer proprement en public. J'ai cherché le chef de notre groupe de partage et je lui ai demandé de prier pour moi, car mon plus grand problème était mon incapacité à me tenir devant un groupe de personnes et de parler. Je me souviens du moment où je me suis agenouillé pour que l'on prie pour ce problème.

Aujourd'hui, je suis en mesure de prêcher à de nombreuses personnes, en dépit de cette première difficulté. Ne soyez pas inquiet si vous ne parlez pas bien. Dieu appellent les gens qui ne sont pas de grands orateurs et les transforme en *excellents* prédicateurs.

8. Dieu appelle les *JEUNES*.

Alors je dis : Ah, Seigneur Dieu ! Voici, je ne peux pas parler, *car je suis un enfant.*

Jérémie 1:6

Beaucoup de jeunes rejettent l'appel, car ils sentent qu'ils sont trop jeunes pour quelque chose d'aussi noble et honorable que le ministère. Une autre raison pour laquelle les jeunes restent à l'écart du ministère est leur penchant sexuel et d'autres nombreuses tentations. Le sentiment sexuel est tellement basique dans sa nature qu'il est suivi par des sentiments d'indignité et de sensualité.

Beaucoup de jeunes désirent ne pas avoir ces sentiments pour ainsi servir le Seigneur dans la sainteté. Dieu m'a appelé en tant que jeune personne et je ne cesse de lutter avec ces sentiments d'indignité. Pour cette raison, j'ai été très heureux de découvrir qu'Élie était un *homme passionné*. Élie avait-il vraiment les mêmes passions, que je semblais avoir ? Cela m'a encouragé à prendre mon ministère en main en dépit de ma jeunesse.

Lorsque j'ai découvert que les Lévites servaient le Seigneur dès l'âge de vingt-cinq ans et plus, et je fus encore plus motivé à servir le Seigneur en tant que jeune homme.

En effet, il est facile d'associer à l'appel de Dieu à l'âge mûr et aux personnes âgées, car elles semblent plus dignes et disposées pour une telle responsabilité. Mais cher ami, la dignité n'est pas l'un des fruits de l'Esprit. D'autre part, la joie que vous trouverez souvent dans les jeunes, est un fruit de l'Esprit. Je suis heureux d'avoir servi le Seigneur lorsque j'étais jeune et je vous encourage à suivre l'appel de Dieu en dépit de votre jeunesse.

9. Dieu appelle les gens qui ont PEUR.

Ne crains point de te montrer devant eux, car je suis avec toi pour te délivrer, dit l'Éternel.

Jérémie 1:8

Il y a beaucoup à craindre, lorsque Dieu vous appelle au ministère. Il n'est pas rare que vous soyez remplis de nombreuses craintes. La peur de l'inconnu est un défi en soi. La crainte de l'échec, du ridicule et de l'embarras freineront toujours votre élan.

La crainte de difficultés financières envahira votre cœur lorsque vous penserez au ministère.

En fait, si vous ne ressentiez pas l'une de ces peurs, je me demanderais si vous êtes normaux. Mais aucune de ces peurs ne doivent vous éloigner de votre appel. La peur est un démon. Si vous suivez la peur, alors vous suivez un mauvais esprit.

10. Dieu appelle les gens qui sont en *DÉTRESSE*.

Gédéon lui dit : Ah ! mon seigneur, *si l'Éternel est avec nous, pourquoi toutes ces choses nous sont-elles arrivées ?* Et où sont tous ces prodiges que nos pères nous racontent, quand ils disent : L'Éternel ne nous a-t-il pas fait monter hors d'Égypte ? Maintenant l'Éternel nous abandonne, et il nous livre entre les mains de Madian !

Juges 6:13

Plusieurs d'entre nous souhaitons voir se manifester un signe surnaturel montrant que Dieu est avec nous. Les circonstances difficiles apparaissent comme un message silencieux provenant d'un Dieu invisible qui dit, « Je suis contre vous ». Si Dieu est avec nous, pourquoi tant de choses nous arrivent? C'est tout à fait normal de poser cette question. Pourquoi Dieu appellerait-Il quelqu'un contre qui Il se bat ? Les circonstances peuvent être le message qui montre que Dieu est contre vous. Mais vous ne devez pas permettre à des circonstances de vous éloigner de votre appel. Les circonstances ne sont pas la voix de Dieu ! Les circonstances ont un rôle à jouer dans nos vies, mais elles ne sont, en aucun cas, nos guides. Nous sommes conduits par l'Esprit Saint; nous ne sommes pas dirigés par les circonstances. « Car tous ceux qui sont conduits par l'Esprit de Dieu sont fils de Dieu » (Romains 8:14). Apprenez à entendre la voix de l'Esprit et ayez confiance en celle-ci en dépit des circonstances que vous rencontrez au cours de votre vie.

11. Dieu appelle les gens *SANS FORCE DE MIRACLE.*

Gédéon lui dit : Ah ! mon seigneur, si l'Éternel est avec nous, pourquoi toutes ces choses nous sont-elles arrivées ? Et *où sont tous ces prodiges que nos pères nous racontent*, quand ils disent : L'Éternel ne nous a-t-il pas fait monter hors d'Egypte ? Maintenant l'Éternel nous abandonne, et il nous livre entre les mains de Madian !

Juges 6:13

Quand Dieu vous appellera, vous vous sentirez tout à fait impuissant et indigne. Vous ressentirez un fort sentiment d'impuissance. Une des choses que vous sentirez est l'absence de miracle et de force de guérison dans votre vie. La maladie a une façon particulière de vous dire que Dieu est contre vous. Vous aurez certainement envie de demander un miracle, des prodiges pour confirmer que Dieu vous a appelé. Si vous comptez sur les miracles pour confirmer votre vocation, vous ne pourrez jamais entrer dans le ministère. Dieu a peut-être prévu que vous ayez le premier miracle après vingt ans de ministère. Une fois de plus, ne dépendez pas des signes extérieurs pour savoir si vous êtes appelés ou non. Fiez-vous à la voix de l'Esprit Saint.

12. Dieu appelle les *DÉLAISSÉS DE DIEU*

Gédéon lui dit : Ah ! mon seigneur, si l'Éternel est avec nous, pourquoi toutes ces choses nous sont-elles arrivées? Et où sont tous ces prodiges que nos pères nous racontent, quand ils disent: L'Éternel ne nous a-t-il pas fait monter hors d'Égypte ? Maintenant *l'Éternel nous abandonne*, et il nous livre entre les mains de Madian !

Juges 6:13

Une fois de plus, les gens regardent leur situation quand ils doivent répondre à l'appel de Dieu. Ils estiment que leur situation révèle si Dieu est avec eux ou non. Les problèmes et les difficultés ne signifient pas que Dieu vous a abandonnés. Même si Dieu vous a abandonnés, obéir à l'appel de Dieu vous apportera Sa présence dans votre vie. Suivez l'Esprit Saint pour entrer dans la présence de Dieu.

13. Dieu appelle les gens qui N'ONT RIEN À OFFRIR.

Et il lui répondit : Ah ! mon seigneur, *avec quoi délivrerai-je Israël ?* Voici, ma famille est la plus pauvre en Manassé, et je suis le plus petit dans la maison de mon père.

Juges 6:15

Une autre raison pour laquelle les gens ne tiennent pas compte de l'appel c'est parce que ils se rendent compte à quel point ils ont à offrir. Ils n'ont pas le mot ou l'onction. Ils n'en savent pas trop et ils n'ont jamais rien accompli pour le Seigneur. Gédéon a demandé : « Avec quoi vais-je sauver le peuple d'Israël ? » Mais Dieu vous enseignera tout ce que vous devez savoir.

14. Dieu appelle les GENS ISSUES DES FAMILLES PAUVRES.

Et il lui répondit : Ah ! mon seigneur, avec quoi délivrerai-je Israël ? *Voici, ma famille est la plus pauvre en Manassé*, et je suis le plus petit dans la maison de mon père.

Juges 6:15

Être issu d'une riche famille augmente la confiance en soi d'une personne. La richesse est un moyen de confiance parce que, « l'argent répond à toutes choses ». La pauvreté, d'autre part, baisse votre estime de soi et vous fait perdre confiance. Il n'est pas étonnant que votre pauvreté vous fasse sentir indigne de l'appel divin.

Un autre effet de la pauvreté c'est de vous donner la détermination de ne plus être pauvre. J'ai remarqué que les gens issus des familles pauvres ont résisté à l'appel, car ils veulent être riches.

Ils veulent se fuir la pauvreté de leurs familles et de leur jeunesse. En effet, j'ai vu comment les gens des couches défavorisées ont rejeté l'appel de Dieu et tentent désespérément de s'enrichir. Malheureusement, bon nombre de ces personnes tombent à corps perdu dans l'échec.

15. Dieu appelle les gens qui sont les *DERNIERS* dans leurs familles.

Et il lui répondit : Ah ! mon seigneur, avec quoi délivrerai-je Israël ? Voici, ma famille est la plus pauvre en Manassé, et je *suis le plus petit dans la maison de mon père.*

Juges 6:15

C'est le schéma habituel. Lorsque Dieu fait appel aux plus jeunes, les plus âgés et les rejetés. Le rejet a une façon particulière de faire de vous des êtres humbles. C'est cette humilité qui ouvre votre cœur à l'appel de Dieu. Ne soyez pas surpris lorsque vous verrez des personnes « non indiquées » portées haut la charge du ministère.

Je me souviens d'un évangéliste qui dit à son père que Dieu lui avait dit qu'il aurait un jour la fonction d'évangéliste en Afrique. Son père était un pasteur d'une église. Malheureusement, son père lui a dit, « Tu ne seras pas mon successeur ». Puis il a souligné à son fils aîné qu'il ne sera pas mon successeur dans le ministère. Ce grand évangéliste a été rejeté dans sa propre maison et avait pour surnom « zéro ». Le surnom, « zéro » était attribué aux hommes absurdes et incapables de réussir à l'école. Parce qu'il n'était pas bon en mathématiques, il a été qualifié de « zéro ». Toutefois, en dépit du rejet de son père, il devint un grand évangéliste en Afrique. Pouvez-vous croire que le premier fils, qui était choisi par son père n'a même pas été sauvé au moment où il donnait ce témoignage ? Ne vous inquiétez pas si vous êtes la plus jeune personne dans votre famille. Ne vous inquiétez pas si vous êtes le plus petit dans votre groupe. L'appel de Dieu complètera toutes vos lacunes naturelles.

Puis Samuel dit à Isaï : Sont-ce là tous tes fils ? Et il répondit : *Il reste encore le plus jeune*, mais il fait paître les brebis. Alors Samuel dit à Isaï : Envoie-le chercher, car nous ne nous placerons pas avant qu'il ne soit venu ici.

1 Samuel 16:11

Chapitre 5

Ce que signifie être « appelé »

Comprendre ce que signifie être « appelé » vous aidera à obéir à Dieu. Beaucoup négligent ce privilège céleste, préférant le mal. Être « appelé » par Dieu est un privilège plus grand qu'être nommé à la Maison Blanche. Et pourtant, beaucoup mettent l'« appel » de côté et saisissent d'autres opportunités moins honorables. Dans ce chapitre, je veux partager ce que signifie réellement recevoir un « appel » de Dieu. Si vous suivez la révélation de l'« appel », vous serez toujours fier de votre choix. Être sauvé est un grand privilège mais être « appelé » par Dieu pour travailler pour Lui dans Sa vigne est un honneur incroyable. En effet, nous ne méritons pas ce grand privilège.

1. ÊTRE CONVOQUÉ INDIVIDUELLEMENT

Être « appelé » par Dieu signifie être identifié, appelé par son nom et choisi par Dieu.

Pour vous aider à mieux comprendre à quel point le privilège d'être appelé est grand, je tiens à définir le concept d'être appelé d'après les dictionnaires français, grec et hébreu. Le dictionnaire français définit le mot « appel » comme un acte dans lequel quelqu'un est convoqué individuellement. Cela signifie être nommé, décrit, identifié et marqué par Dieu.

a. En Hébreu, le mot utilisé pour appel est « *qara* », ce qui signifie faire appel, parlé distinctement en nommant ceux qui sont conviés et demandés. « Qara » c'est aussi pleurer pour quelqu'un ou le rendre célèbre. Imaginez que vous rejetez l'appel de Dieu qui pourrait vous rendre célèbre.

b. En Grec, le mot pour appel est « *kletos* », ce qui signifie être invité ou nommé.

Les personnes suivantes sont des exemples de personnes qui ont été appelées par leurs noms. En effet, c'est une chose incroyable que Dieu vous convoque afin de vous rendre grand et célèbre. Il existe plusieurs personnes que Dieu a appelées par leurs noms. Il a mentionné leurs noms et leur a ordonné de lui obéir. Moïse, Betsaleel, Samuel, Zachée et de nombreux disciples ont été appelés par leur nom.

Lorsque Jésus fut arrivé à cet endroit, il leva les yeux *et lui dit : Zachée, hâte-toi de descendre* ; car il faut que je demeure aujourd'hui dans ta maison.

Luc 19:5

L'Éternel vit qu'il se détournait pour voir ; et *Dieu l'appela du milieu du buisson, et dit : Moïse ! Moïse* ! Et il répondit : Me voici !

Exode 3:4

Regarde, *j'ai appelé par son nom Betsaléel*, fils d'Uri, fils de Hur, de la Tribu de Juda.

Exode 31:2

L'ÉTERNEL *appela Samuel* ; et il répondit : Me voici.

1 Samuel 3:4

Paul, serviteur de Jésus-Christ, *appelé à être apôtre*, mis à part pour annoncer l'Évangile de Dieu,

Romains 1:1

Et étant tombé par terre, il entendit *une voix qui lui disait : Saul, Saul, pourquoi me persécutes-tu ?* Et il répondit : qui es-tu, Seigneur ? Et le Seigneur lui dit : Je suis Jésus, que tu persécutes ; il t'est dur de regimber contre les aiguillons.

Actes 9:4-5

Paul *appelé à être apôtre* de Jésus-Christ, par la volonté de Dieu, et le frère Sosthènes,

1 Corinthiens 1:1

Puis passant de là un peu plus avant, il vit Jacques fils de Zébédée, et Jean son frère, qui raccommodaient leurs filets dans la nacelle. Et aussitôt *il les appela*, et eux laissant leur père Zébédée dans la nacelle, avec les ouvriers, le suivirent.

Marc 1:19-20

2. ACCUEILLIR LA MISÉRICORDE SPÉCIALE

C'est pourquoi, ayant ce ministère, selon la miséricorde qui nous a été faite, nous ne perdons pas courage.

2 Corinthiens 4:1

Être « appelé » c'est recevoir la miséricorde spéciale du Seigneur. Recevoir la miséricorde c'est éprouver de la compassion ou de la patience pour un délinquant ou un ennemi. Dieu vous appelle signifie qu'il est indulgent avec vous et qu'il a pitié de vous ! Après le salut, l'appel de Dieu pour vous est son plus grand acte de miséricorde, de bonté et de clémence.

a. Le mot hébreu pour exprimer la miséricorde est *« checed »*, qui se renvoie à l'idée de Dieu vous manifestant sa bonté, une faveur, une bonne action, son amour. Un sentiment sympathique de pitié pour vous. Être C'est en effet, parce que Dieu vous a appelé, qu'Il a été miséricordieux en raison de votre état pitoyable.

b. Le mot grec pour miséricorde est *« eleeo »*, ce qui signifie aussi faire preuve de compassion, par le mot ou l'acte. Ce genre de miséricorde est quelque chose qui est reçu par la grâce divine spéciale.

3. APPELÉ À UNE FONCTION SPÉCIALE

Être « appelé » veut dire aussi être désigné par Dieu pour un but précis. Être choisi par Dieu signifie que vous avez été sélectionné pour une mission particulière. Être choisi par Dieu signifie également que vous avez été employé, assigné, désigné, sélectionné, et choisi pour cette fonction. Pourquoi donc vous laissez-vous employé par une personne qui vaut moins que le Dieu Tout-Puissant Lui-même ?

a. En Hébreu, être choisi « *paqad* » signifie donner une charge à quelqu'un ou le mettre sur quelque chose. Il signifie également confier quelque chose à quelqu'un et lui donner le contrôle de celle-ci. Quel privilège est-ce de recevoir une pareille affectation !

b. Le mot grec pour « choisi » est « *diatithemai* », qui signifie confier à quelqu'un une mission. Votre vie sur cette terre est une mission et vous devez remplir cette mission quel qu'en soit le prix.

Mais **tu donneras aux Lévites** la charge du pavillon du Témoignage, et de tous ses ustensiles, et de tout ce qui lui appartient; ils porteront le pavillon, et tous ses ustensiles ; ils y serviront, et camperont autour du tabernacle.

Nombres 1:50

T*u donneras donc la surintendance à Aaron et à ses fils*, et ils exerceront leur Sacrificature. Que si quelque étranger en approche, on le fera mourir.

Nombres 3:10

Et David dit à Mical : Cela été devant l'ÉTERNEL, qui m'a choisi plutôt que ton père, et que toute sa maison, et qui **m'a commandé d'être le Conducteur de son peuple d'Israël** ; c'est pourquoi je me réjouirai devant l'ÉTERNEL.

2 Samuel 6:21

Et David dit aux chefs des Lévites de disposer leurs frères les chantres avec des instruments de musique, des luths, des harpes et des cymbales, qu'ils devaient faire retentir de sons éclatants en signe de réjouissance. *Les Lévites disposèrent Héman*, fils de Joël; parmi ses frères, Asaph, fils de Bérékia; et parmi les fils de Merari, leurs frères, Ethan, fils de Kuschaja; puis avec eux leurs frères du second ordre Zacharie, Ben, Jaaziel, Schemiramoth, Jehiel, Unni, Eliab, Benaja, Maaséja, Matthithia, Eliphelé et Miknéja, et Obed-Edom et Jeïel, les portiers. Les chantres Héman,

Asaph et Ethan avaient des cymbales d'airain, pour les faire retentir.

1 Chroniques 15:16-19

4. SÉPARÉ POUR SERVIR DIEU

Être « appelé » par Dieu, c'est être séparé du reste pour Le servir. Peut-être, c'est la définition la plus importante de ce que signifie être « appelé ». L'appel de Dieu vous isole et vous sépare du plus grand nombre de Chrétiens. Être séparé signifie se détacher quelqu'un ou quelque chose, d'un grand groupe. Votre appel signifie donc que vous avez été isolé pour le service de Dieu.

Votre appel signifie que vous avez été séparé du grand nombre de chrétiens laïcs. La séparation implique une rupture d'une association. Cette séparation signifie aussi que vous avez été retiré de quelque chose. Dans ce cas, vous avez été retiré de la vie laïque et des idéaux laïques. Par votre vocation, vous avez également été séparé de votre famille et de vos amis. En effet, une vocation intense implique par ailleurs que vous avez été séparés d'autres Chrétiens.

a. Le mot hébreu pour séparé est « Badal », ce qui signifie distinguer et faire la différence entre vous et autres. N'est-ce pas une bénédiction que Dieu ait établi une distinction entre vous et les autres ? Il a fait une différence entre vous et les autres croyants ! Que pouvez-vous demander d'autre ?

b. Le mot grec pour séparé est « aphorizo », qui signifie également maintenir à l'écart de deux ou plusieurs personnes ou choses par une frontière. Dieu vous tient à l'écart et a mis une frontière entre vous et le reste. Quelle plus haute bénédiction pouviez-vous espérer de Dieu que de vous tenir à l'écart pour l'accomplissement de Ses services particuliers ?

En ce temps-là, l'ÉTERNEL sépara la tribu de Lévi, et lui ordonna de porter l'arche de l'alliance de l'Eternel, de se tenir devant l'Eternel pour le servir, et de bénir le peuple en son nom: ce qu'elle a fait jusqu'à ce jour.

Deutéronome 10:8

Quand le Très-Haut donna un héritage aux nations, quand Il sépara les enfants des hommes, il fixa les limites des peuples d'après le nombre des enfants d'Israël,

Deutéronome 32:8

Fils d'Amram : Aaron et Moïse. Aaron fut mis à part pour être sanctifié comme très saint, lui et ses fils à perpétuité, pour offrir les parfums devant l'Éternel, pour faire son service, et pour bénir à toujours en son nom.

1 Chroniques 23:13

Paul, serviteur de Jésus-Christ, appelé à être apôtre, mis à part pour annoncer l'Évangile de Dieu,

Romains 1:1

Mais, lorsqu'il plut à celui qui m'avait mis à part dès le sein de ma mère, et qui m'a appelé par sa grâce,

Galates 1:15

Pendant qu'ils servaient le Seigneur dans leur ministère et qu'ils jeûnaient, le Saint-Esprit dit : Mettez-moi à part Barnabas et Saul pour l'œuvre à laquelle je les ai appelés.

Actes 13:2

5. ÊTRE ENVOYÉ PROPREMENT

Être « appelé » par Dieu signifie être envoyé. Il y a une différence entre quelqu'un qui a été envoyé et quelqu'un qui vient de passer ! Dieu vous envoie signifie qu'il vous envoi en mission pour le servir ou pour obtenir quelque chose pour Lui. En effet, Dieu vous envoie recueillir de nombreuses âmes sous l'emprise du diable.

    a. Le mot hébreu pour « envoyé » est « *shalach* », ce qui signifie envoyer quelqu'un au loin. L'appel de Dieu, signifie souvent que vous serez envoyé loin de votre famille et de vos amis.

b. En grec, le mot « envoyé » est « *apostello* », ce qui signifie mettre quelqu'un à l'écart et envoyer quelqu'un mission particulière. Beaucoup de gens ne sont pas proprement envoyés, ce qui affecte leur ministère tout entier. Vous devez chercher à être correctement envoyé, parce qu'un jour, votre autorité sera contestée. À propos de celui qui l'a envoyé et l'a autorisé, John Wesley leur a simplement dit que l'archevêque de Canterbury l'avait ordonné. Il est anormal de servir sans être correctement envoyé. En effet, chaque ministre doit s'efforcer d'être ordonné et correctement envoyé. C'est cet « envoi » dans les règles qui assure une bénédiction au travail que vous réalisez.

Dieu m'a envoyé devant vous pour vous faire subsister dans le pays, et pour vous faire vivre par une grande délivrance.

Genèse 45:7

Dieu dit encore à Moïse : Tu parleras ainsi aux enfants d'Israël : L'Éternel, le Dieu de vos pères, le Dieu d'Abraham, le Dieu d'Isaac et *le Dieu de Jacob, m'envoie vers vous.* Voilà mon nom pour l'éternité, voilà mon nom de génération en génération.

Exode 3:15

Et l'Éternel me dit : Ne dis pas : Je suis un enfant. *Car tu iras vers tous ceux auprès de qui je t'enverrai*, et tu diras tout ce que je t'ordonnerai.

Jérémie 1:7

Car ainsi parle l'Éternel des armées : *Après cela, viendra la gloire !* Il m'a envoyé vers les nations qui vous ont dépouillés; car celui qui vous touche la prunelle de son œil.

Zacharie 2:8

L'Esprit du Seigneur est sur moi, parce qu'il m'a oint pour annoncer une bonne nouvelle aux pauvres ; *il m'a envoyé pour guérir ceux qui ont le cœur brisé*, Pour proclamer aux captifs la délivrance, Et aux aveugles le recouvrement de la vue, Pour renvoyer libres les opprimés, Pour publier une année de grâce du Seigneur

Luc 4:18-19

Il y eut un homme envoyé de Dieu : son nom était Jean.

Jean 1:6

Jésus leur dit : *ma nourriture est de faire la volonté de celui qui m'a envoyé*, et d'accomplir son œuvre.

Jean 4:34

6. RECEVOIR LA GRÂCE DE DIEU

Être « appelé » par Dieu signifie que la grâce de Dieu est sur vous. En premier lieu, c'est une faveur imméritée de Dieu qui nous fait don du salut. Mais lorsque Dieu vous appelle, Il vous montre encore plus de bonté et de clémence. Cette bienveillance est au-dessus de la bonté qui a causé votre salut.

Comme vous pouvez le constater, c'est lorsque cette faveur imméritée est prolongée bien plus que vous recevez un appel à œuvrer pour Dieu ! En effet, recevoir la grâce c'est recevoir la faveur, la bienveillance et la clémence. C'est cette clémence de Dieu qui invite et permet d'accueillir quelqu'un comme toi dans le ministère !

a. Le mot hébreu pour « grâce » est *« chen »*, ce qui signifie gentillesse, bonté, réception favorable ou devenir précieux. De cette définition, vous avez recevoir un appel et recevoir la grâce signifie que vous avez été amplement favorisé par le Seigneur. En effet, vous êtes précieux parce que l'appel de Dieu est sur vous.

b. Le mot grec pour « grâce » est *« charis »*, qui parle de l'influence divine sur votre cœur. Cette grâce ne peut être associée à autre chose jusqu'à la reconnaissance de ce qui vous motive.

Or, l'enfant croissait et se fortifiait. Il était rempli de sagesse, et *la grâce de Dieu était sur lu*i.

Luc 2:40

La Parole a été faite chair, et elle a habité parmi nous, *pleine de grâce* et de vérité ; et nous avons contemplé sa gloire, une gloire comme la gloire du Fils unique venu du Père.

Jean 1:14

Par la grâce qui m'a été donnée, je dis à chacun de vous de n'avoir pas de lui-même une trop haute opinion, mais de revêtir des sentiments modestes, selon la mesure de foi que Dieu a départie à chacun.

Romains 12:3

Puisque nous avons des dons différents, *selon la grâce qui nous a été accordée*, que celui qui a le don de prophétie l'exerce selon l'analogie de la foi.

Romains 12:6

Il y a un seul corps et un seul Esprit, comme aussi vous avez été appelés à une seule espérance par votre vocation; il y a un seul Seigneur, une seule foi, un seul baptême, un seul Dieu et Père de tous, qui est au-dessus de tous, et parmi tous, et en tous. Mais *à chacun de nous la grâce* a été donnée selon la mesure du don de Christ.

Éphésiens 4:4-7

7. RECEVOIR UN MINISTÈRE VENANT DE DIEU

Être « appelé » par Dieu signifie que vous avez reçu un ministère venant de Dieu. Recevoir un ministère de Dieu c'est entrer en possession des droits et fonctions d'un courant particulier de l'œuvre du Royaume. Quelle bénédiction de se voir assigner des fonctions particulières pour l'œuvre de Dieu. Lorsque vous êtes appelé, Dieu se réjouit de cette tâche spéciale pour son service.

a. Le mot hébreu pour le ministère est « *yad* », qui se réfère au service dans le Temple.

b. Le mot grec pour « ministère » est « *diakonia* », qui renvoie au service du Chrétien.

Et dites à Archippe : ***prends garde au ministère que tu as reçu*** dans le Seigneur, afin de le bien remplir.

Colossiens 4:17

Encore une recommandation que je vous adresse, frères. Vous savez que la famille de Stéphanas est les prémices de l'Achaïe, et ***qu'elle s'est dévouée au service des saints.***

1 Corinthiens 16:15

Et tout cela vient de Dieu, qui nous a réconciliés avec lui par Christ, et qui ***nous a donné le ministère de la réconciliation.***

2 Corinthiens 5:18

Que celui qui est appelé au ministère s'attache à son ministère ; que celui qui enseigne s'attache à son enseignement,

Romains 12:7

8. RECEVOIR UN TALENT DE DIEU

Il en sera comme d'un homme qui, partant pour un voyage, appela ses serviteurs, et leur remit ses biens. Il donna cinq talents à l'un, deux à l'autre, et un au troisième, à chacun selon sa capacité, et il partit.

Matthieu 25:14-15

Être « appelé » par Dieu, c'est recevoir un talent de Dieu. Un talent est un don, une capacité ou une dotation de Dieu. Dieu s'attend à ce que vous puissiez utiliser cette dotation tangible pour faire avancer le Royaume. Un talent peut aussi être décrit comme une capacité générale ou un don spécial qui vous est donné par Dieu. Recevoir un talent c'est recevoir une aptitude spéciale de création. Lorsque vous êtes appelés, vous recevez un flair pour faire certaines choses.

a. Le mot Hébreu pour « talent » est « *kikkaré* », qui est un pain rond, un morceau, une pièce ou une pièce large et ronde. C'est parler de quelque chose de tangible qui peut être utilisé pour servir Dieu. Dieu a mis quelque chose de tangible dans vos mains et il s'attend à ce que vous accomplissiez quelque chose avec elle.

b. Le mot grec pour « talent » est *« talanton »* et renvoie à un poids utilisé pour un équilibre. Une fois de plus, cela signifie quelque chose de tangible qui vous a été donné d'utiliser.

9. RECEVOIR UN DON DU SEIGNEUR

Être appelé par Dieu signifie que vous avez reçu un don de Dieu. Ce don est une capacité naturelle ou le talent vous est librement donné par Dieu. Être appelé par Dieu c'est avoir reçu une capacité naturelle pour réaliser certaines choses. C'est pourquoi les gens qui sont appelés semblent faire certaines choses sans effort. Si vous êtes appelés à être pasteur d'une église, vous aurez le don de vous occuper sans effort des personnes pendant de nombreuses années. Si vous êtes appelés à évangéliser vous aurez le don d'aimer les masses pauvres qui n'ont rien à donner en retour.

a. Le mot Hébreu pour le don est *« Mattan »*, ce qui signifie un présent.

b. Le mot grec pour le don est *« charisma »*, ce qui signifie une gratification, un patrimoine spirituel ou une qualification religieuse.

Car je désire vous voir, ***pour vous communiquer quelque don spirituel***, afin que vous soyez affermis,

Romains 1:11

Or ayant des dons différents, selon la grâce qui nous est donnée : soit de prophétie, [prophétisons] selon l'analogie de la foi;

Romains 12:6

Recherchez la charité. ***Désirez avec ardeur les dons spirituels***, mais surtout de prophétiser.

1 Corinthiens 14:1

Ne néglige point le don qui est en toi, et qui t'a été conféré suivant la prophétie, par l'imposition des mains de la compagnie des Anciens.

1 Timothée 4:14

C'est pourquoi je t'exhorte de **ranimer le don de Dieu**, qui est en toi par l'imposition de mes mains.

2 Timothée 1:6

10. RECEVOIR UNE FONCTION

Être « appelé » par Dieu signifie que vous avez reçu une fonction. Quelle bénédiction ! Être appelé et recevoir une fonction du Seigneur. Quel grand privilège que de recevoir une fonction du Seigneur ?

Un bureau est un lieu de travail, une responsabilité, un travail, un poste, une tâche et une fonction. Toute personne qui est appelée a reçu une fonction avec des responsabilités particulières. Votre nouvelle fonction particulière vous donne une position d'autorité ou de puissance. En effet, être appelé c'est recevoir une fonction de Dieu et entrer en possession d'une position qui vous donne beaucoup d'autorité.

a. Le mot hébreu désignant fonction, est « *ma`amad* » et signifie aussi la position et les responsabilités que vous avez reçues.

b. Le mot grec désignant le bureau est « *praxis* », qui se réfère à ce qui est devenu votre nouvelle fonction et la pratique.

Voici ce que tu feras pour les sanctifier, **afin qu'ils soient à mon service dans le sacerdoce**. Prends un jeune taureau et deux béliers sans défaut.

Exode 29:1

Ils étaient en tout deux cent douze, choisis pour portiers des seuils, et enregistrés dans les généalogies d'après leurs villages; David et **Samuel le voyant les avaient établis dans leurs fonctions**.

1 Chroniques 9:22

Placés auprès des fils d'Aaron pour le service de la maison de l'Éternel, ils avaient à prendre soin des parvis et des chambres, de la purification de toutes les choses saintes, des ouvrages concernant le service de la maison de Dieu.

1 Chroniques 23:28

Je confiai la surveillance des magasins à Schélémia, le sacrificateur, à Tsadok, le scribe, et à Pedaja, l'un des Lévites, et je leur adjoignis Hanan, fils de Zaccur, fils de Matthania, car ils avaient la réputation d'être fidèles. *Ils furent chargés de faire les distributions à leurs frères*.

Nehémie 13:13

Je vous le dis à vous, païens: en tant que je suis apôtre des païens, *je glorifie mon ministère*.

Romains 11:13

Car, comme nous avons plusieurs membres dans un seul corps, et que *tous les membres n'ont pas la même fonction*.

Romains 12:4

Qu'on les éprouve d'abord, *et qu'ils exercent ensuite leur ministère*, s'ils sont sans reproche.

1 Timothée 3:10

Chapitre 6

Les limites de l'appel individuel

1. Nous avons seulement reçu une « mesure » d'un appel.

Les êtres humains s'activent depuis longtemps à créer des surhommes qui ne se trompent jamais, n'échouent jamais et ne meurent jamais. C'est ce désir actif qu'on retrouve chez tous les hommes qui ont créé des personnages tels que James Bond, Rambo, Superman, Demolition Man, Batman et Spiderman, etc, mais le fait que vous soyez « appelé » ne pourra pas vous transformer en super Héro. Votre appel représente tout simplement la miséricorde et la clémence de Dieu envers vous. En dehors de cela, votre appel est limité. Vous avez reçu seulement une mesure de l'Esprit. « Mais à chacun de nous est accordée la grâce selon la mesure du don du Christ » (Éphésiens 4:7).

Votre appel vous donne seulement une mesure de l'Esprit et il existe plusieurs autres mesures que vous n'avez pas reçues. Cela signifie qu'il existe plusieurs autres dons que vous n'avez pas encore. Votre manque de grâce supplémentaire aura toujours tendance à vous limiter dans le ministère. Votre manque de dons peut vous empêcher de réussir dans certains domaines. Dieu a réservé ces domaines de la spiritualité pour les autres. C'est une réalité que nous devons accepter. C'est pourquoi beaucoup de grands hommes de Dieu sont incroyablement déficient dans certains domaines.

C'est pourquoi certains grands hommes de Dieu, qui sont doués dans le ministère des miracles, pataugent quand il s'agit de l'administration et le gouvernement. C'est parce qu'ils ont juste une mesure de l'Esprit. Ce fait à lui tout seul oblige les ministères à rester humble en dépit de l'intensité de leurs dons. Remarquez comment ces Écritures soulignent notre réalité à recevoir seulement une partie et non tout ce qu'on est censé recevoir.

Seul Christ a reçu la pleine mesure de l'Esprit. « Car celui que Dieu a envoyé dit les paroles de Dieu: parce que Dieu ne donne pas l'esprit avec mesure » (Jean 3:34). Vous et moi avons juste une mesure de l'Esprit.

Et nous avons tous reçu de sa plénitude, et grâce pour grâce;

Jean 1:16

Par la grâce qui m'a été donnée, je dis à chacun de vous de n'avoir pas de lui-même une trop haute opinion, mais de revêtir des sentiments modestes, selon la mesure de foi que Dieu a départie à chacun.

Romains 12:3

Jusqu'à ce que nous soyons tous parvenus à l'unité de la foi et de la connaissance du Fils de Dieu, à l'état d'homme fait, à la mesure de la stature parfaite de Christ,

Ephésiens 4:13

Un seul et même esprit opère toutes ces choses, le distribuant à chacun en particulier comme il veut.

1 Corinthiens 12:11

2. Seul le Christ a la plénitude de l'appel.

Car en lui habite toute la plénitude de la Divinité.

Colossiens 2:9

Si vous voulez voir la plénitude de l'appel, vous devez regarder Christ, car Christ seul a la vocation ultime. C'est une vérité très importante que nous devons saisir. Vous devez faire de Christ le meilleur exemple de berger, d'enseignant, d'évangéliste et de prophète. Être constamment à la recherche du Christ vous fera paraître beaucoup plus grand que vous ne l'auriez été. Malheureusement, bon nombre d'entre nous, considèrent qu'ils ont de l'estime de supposer qu'ils sont le meilleur exemple du ministère.

J'ai souvent cette difficulté de voir des gens comme ayant seulement une « mesure ». Je ne peux souvent pas rien imaginer de mieux que ce que je vois. Mais j'ai dû accepter le fait que même les hommes les plus oints de Dieu ne soient qu'une mesure de ce qu'ils pourraient être. Chacun de nous n'est qu'une fraction de ce que nous pourrions être si nous avions la pleine mesure du don. C'est Christ qui avait l'Esprit sans mesure et est donc plus large et le meilleur exemple de ministère.

3. Vous ne devez pas rechercher en tout homme les qualités du parfait ministre.

Le pasteur parfait est le bon berger, Jésus-Christ. L'enseignant parfait est Jésus-Christ. L'évangéliste parfait est le Seigneur qui est venu chercher et sauver ce qui était perdu. Le prophète parfait était Jésus, le prophète, dont les paroles n'ont jamais manqué. L'apôtre parfait était Jésus, qui fut envoyé par Dieu comme Sauveur du monde.

4. Vous devez reconnaître les limites des personnes que vous admirez sans les mépriser.

Lorsque vous-vous rendrez compte des limites des hommes, il ne faudra pas les mépriser pour cela. Il est important de ne pas idolâtrer quelqu'un, mais il est également important de ne pas le mépriser. Bon nombre de personnes méprisent les hommes et les critiquent parce qu'ils voient les aspects premiers. Il s'agit des hommes de Dieu bien qu'ils soient des non doués. En effet, il est très facile de mépriser un homme de Dieu. Dans un domaine il semble invincible tandis que dans un autre, il semble presque un imbécile. Apprenez à reconnaître la grâce de Dieu. La faiblesse de quelqu'un qui est appelé devrait vous faire apprécier la grâce de Dieu encore plus. « Cessez de vous confier en l'homme, dans les narines duquel il n'y a qu'un souffle : car de quelle valeur est-il ? » (Esaïe 2:22, Segond).

5. Vous devez reconnaître vos propres limites dans le ministère.

Malheureusement, reconnaitre vos propres limites peut être extrêmement difficile. Les gens acceptent rarement qu'ils ne peuvent pas faire certaines choses. Les gens acceptent rarement les critiques sur leur personne ou sur leur capacité. Ceci est vérifiable dans Proverbes 21:2 « Toute voie de l'homme est droite à ses yeux... » (J.N.Darby).

Mais peut-être la marque des plus grands hommes de Dieu est la capacité de voir où se termine le don et le naturel prend le relai. L'apôtre Paul pouvait reconnaitre le moment où il était en dehors de la grâce et de la révélation. Il le reconnaissait souvent en parlant de son propre esprit, et en partageant le don qu'il a reçu. Par exemple, Paul dit : « Pour ce qui est des vierges, je n'est point d'ordre du seigneur, mais je donne un avis comme ayant reçu du seigneur miséricorde pour être fidèle » (1 Corinthiens 7:25).

C'est rare. La plupart des prophètes veulent étendre leurs pouvoirs et devenir des surhommes et des super magiciens tout-puissants. Mais nous sommes limités et nous ne sommes pas des magiciens. Même si vous êtes désignés, vous serez limité et le temps le prouvera.

6. Vous devez être humble parce que vous ne pouvez pas tout avoir.

Il est merveilleux de voir tant de talent dans un domaine et presque rien dans un autre. Christ est le seul qui a reçu une onction sans mesure et le seul au dessus de tous. Nous avons tous reçu une mesure et n'avons rien en intégralité. Cela fait de nous des êtres incomplets. Dieu nous permet de nous représenter par rapport aux autres que nous aurions peut-être méprisés sous d'autres circonstances. Cela fait partie du plan merveilleux de Dieu pour faire de nous des enfants et pour cela nous devons Être humbles.

7. Vos limites dans le ministère sont surmontées par la reconnaissance de l'apport des autres dans votre vie.

Il y aura d'autres personnes qui en sauront plus sur certains aspects du ministère. Il est important que vous-vous humiliez afin de recevoir les bénédictions de Dieu. Apprenez des pasteurs des grandes églises mais apprenez également des pasteurs des petites églises. La puissance de Dieu est réelle et il enverra des gens pour vous aider à devenir ce que vous devez devenir. Chaque personne offre quelque chose jusqu'à ce que vous deveniez ce que Dieu vous appelle à être. « C'est de lui et grâce à tous les liens de son assistance, que tout le corps, bien coordonné et formant un solide assemblage, tire son accroissement selon la force qui convient à chacune de ses paries, et s'édifie lui-même dans l'amour. » (Éphésiens 4:16). Chaque personne apporte quelque chose dont vous avez besoin pour le développement de votre vie et celui du ministère.

Chapitre 7

Qu'est ce qu'il y a dans votre cœur ?

N'aimez pas le monde, ni les choses qui sont dans le monde. Si quelqu'un aime le monde, l'amour du Père n'est point en lui.

1 Jean 2:15

Beaucoup de chrétiens ont embrassés le monde au lieu du Christ. Il est important de permettre au cœur de d'accomplir avec Christ. Comment pouvons-nous savoir ce qui est dans nos cœurs ? Par ce que nous disons ! C'est de l'abondance du cœur que la bouche parle. C'est de l'abondance du cœur des pasteurs ; que vous les entendez parler et prêcher. Qu'avez-vous plus souvent entendu parler ? Nous entendons souvent parler d'argent, de prospérité, de réussite, etc. Ces choses ont rempli nos cœurs. L'amour du monde est dans nos cœurs et l'amour pour les choses dans le monde est aussi dans nos cœurs.

Aujourd'hui, Jésus est debout à la porte des cœurs de tous les chrétiens, il frappe et ne demande qu'à entrer. Il désire prendre sa place. Il veut séparer le mauvais grain du bon grain.

Voici, je me tiens à la porte, et je frappe : si quelqu'un entend ma voix et ouvre la porte, j'entrerai chez lui, et je souperai avec lui, et lui avec moi.

Apocalypse 3:20

Ce verset est couramment utilisé par les évangélistes qui tentent de persuader les gens d'ouvrir leur cœur à Jésus-Christ. Aussi surprenant que cela puisse paraitre, ce passage de la Bible n'a rien à voir avec le salut et la conversion. Il s'agit d'une lettre à l'église, qui a présenté Jésus-Christ, debout à l'extérieur et ne demandant qu'à entrer. Comment cela se fait-il ? Jésus debout devant sa propre église ? Quelle est la raison pour laquelle le Christ n'est pas accueilli dans son propre corps ?

Margaret

Une fois, j'ai entendu cette histoire d'une dame appelée Margaret. Pendant la seconde guerre mondiale, de nombreux jeunes allemands ont été contraints de rejoindre l'armée pour défendre leur pays. Il y avait une jeune fille appelée Margaret qui venait de se marier à ce beau soldat jeune. Malheureusement, peu de temps après leur mariage, il dut aller au champ de bataille. Dans une grande tristesse, il pleura sur sa nouvelle épouse Margaret et l'embrassa cent fois. Il lui dit « au revoir » et la quitta pour la guerre.

Il souhaitait ardemment revenir à sa belle épouse Margaret. Malheureusement, il fut envoyé au front et a été capturé presque immédiatement par l'armée russe. Il est ainsi devenu un prisonnier de guerre russe et a été envoyé pour effectuer un travail forcé dans les camps. En prison, il priait sans cesse pour sa libération, souhaitant retrouver sa belle épouse, Margaret. Être un prisonnier de guerre fut une expérience terrible. Il en a beaucoup souffert et a été soumis au dur labeur d'un prisonnier de guerre. Chaque jour, à son réveil, il pensait à Margaret ! À chaque période de la journée, il transportait des blocs de pierres d'un endroit à l'autre, dans le froid et la chaleur et ne pensait qu'à une chose – Margaret !

Les années ont passé et l'Allemagne a perdu la guerre. Les prisonniers étaient excités parce qu'ils espéraient être relâchés vivants. Un jour, le commandant des prisonniers de guerre est venu avec une liste de prisonniers qui devaient être libérés. Ce jeune soldat était excité parce qu'il pensait qu'il serait libéré. Malheureusement, lorsque les noms ont été lus, son nom n'était pas sur la liste. Ses espoirs ont été vains ! Il a été très déçu, cœur noué. Il avait perdu la chance de revoir Margaret.

Mais la semaine suivante, une autre liste de prisonniers à libérer a été lue par le commandant de la prison et le nom de ce jeune soldat se trouvait sur la liste. Quel jour de fête ce fût ! Il ne pensait qu'à une chose - Margaret! « Je vais voir Margaret! » Il a emballé ses quelques affaires et pris le train pour l'Allemagne afin de revoir sa bien-aimée, Margaret !

À chaque étape de ce long voyage, il ne pensait qu'à une chose – Margaret ! À son arrivée dans sa ville, il a été choqué de constater que presque tous les bâtiments avaient été bombardés et la ville qu'il avait connu n'était plus qu'un tas de ruines. Il marchait dans la rue et a emprunté le chemin de la maison où il avait vécu avec Margaret.

À sa grande surprise, leur maison était l'une des rares encore debout. Son cœur se mit à battre tandis qu'il se dirigea vers la porte. Le moment de vérité était venu. Il frappa à la porte et attendit en silence, se demandant si quelqu'un vivait dans cette maison. Soudain, il entendit des pas, dont il reconnu. « Ce sont les traces de Margaret », dit-il.

Soudain la porte s'ouvrit et elle était là, plus belle que le soleil de midi, plus belle qu'elle ne l'était le jour de son mariage ! Le jeune soldat leva les mains et a crié, « Margaret, je suis de retour ! »

Tout à coup, quelque chose de terrible est arrivée. Margaret a claqué la porte et elle l'a fermé à clef. Le jeune soldat a été choqué.

Il a commencé à frapper et frapper à la porte , « Margaret, Margaret, je suis ton mari. Ouvre la porte ! Margaret, Margaret, je suis ton mari. Ouvre la porte ! »

Mais elle n'a pas ouvert la porte. Il ne pouvait croire ce qui se passait. Pourquoi Margaret n'a pas ouvert la porte ? Ce jeune homme qui avait attendu avec impatience de revoir sa belle épouse était maintenant en état de choc. Il se tenait devant la porte frappant et appelant Margaret, mais elle refusa tout simplement d'ouvrir la porte.

Voulez-vous savoir pourquoi ?

Voulez-vous savoir pourquoi Margaret n'a pas ouvert la porte ? Je vais vous dire pourquoi. C'est la même raison pour laquelle l'Église n'a pas ouvert la porte de son cœur à Jésus. Il y avait quelqu'un d'autre dans la maison ! C'est pourquoi Margaret n'a pas ouvert la porte ! Un autre homme était venu vivre dans la maison tandis que le mari de la Margaret était absent pour la guerre. Quelque chose et quelqu'un d'autre était là et le propriétaire légitime a été réduit à la mendicité à l'extérieur.

Jésus se tient aussi à la porte du cœur de l'Église d'aujourd'hui, ne demandant qu'à prendre sa place. Malheureusement, d'autres choses sont là et c'est pourquoi Jésus est à l'extérieur. L'amour pour le monde a rempli le cœur de l'Église et Jésus est en dehors en train de frapper et de demander à entrer.

L'argent, la richesse, et la séduction sont devenus des priorités. Pas étonnant que Jésus demande à entrer de nouveau dans sa riche Église des derniers jours! Satan s'est glissé à l'intérieur et occupe le pupitre auquel il n'a pas le droit.

Si Jésus occupe nos cœurs, nous serons remplis de la connaissance de Sa volonté et serons en amour avec lui et non avec le monde. Il est triste que nos cœurs soient allés après les choses terrestres et mondaines. Il est, en effet, pathétique que Mam- mon ait été accueilli dans l'Église et a remplacé Christ. Nous sommes plus riches que nous n'avons jamais été, mais si le Christ est en dehors de nos richesses, elles deviendront un piège pour nous. « Ils furent saisis de convoitise dans le désert et tentèrent Dieu dans la solitude. Il leur accorda ce qu'ils demandaient puis il envoya le dépérissement dans leurs corps. » (Psaume 106:14-15).

Chapitre 8

Comment Dieu veille t-il
sur vos œuvres

Dieu n'a jamais dit qu'il gardait un œil sur vos voitures et maisons. Pourtant, aujourd'hui, les chrétiens sont plongés dans de nombreuses activités pour amasser des trésors terrestres pour destinés à eux-mêmes. La plupart de ces choses n'ont aucune valeur éternelle. Nous évaluons les gens par leurs vêtements et des bijoux. Nous évaluons les gens par leurs maisons. Nous évaluons les gens par les voitures qu'ils conduisent. Mais Jésus dit : « Vous les reconnaîtrez à leurs fruits. » Jésus n'a pas dit que vous les reconnaîtrez par leurs voitures ou leurs maisons.

Dieu n'est pas contre ces choses, mais ce n'est pas ce que Dieu est en train de suivre. Dieu regarde vos *œuvres* !

Dieu regarde le travail et l'effort que vous mettez dans l'intérêt de son royaume. Si vous n'avez pas ces « œuvres », l'éternité sera le plus grand choc de votre vie ! Vous remarquerez ci-dessous dans cette parole, que l'expression : « Je connais tes œuvres » est mentionné à plusieurs reprises.

Dans chacune des sept églises de l'Apocalypse de Jean est dite la même chose. Dieu reconnait les œuvres que vous avez faites ! Dieu regarde vos œuvres ! Dieu pose son regard sur les choses que vous faites pour son royaume ! Les lettres aux sept églises servent comme une révélation de notre jugement à venir où nous nous tiendrons devant Dieu. Nous savons maintenant que nous allons être évalués. C'est la meilleure « question passée » que nous n'aurons jamais eue.

Sept fois Dieu dit : « Je connais tes œuvres »

1. Éphèse, je connais tes œuvres.

Écris à l'ange de l'église d'Éphèse : voici ce que dit celui qui tient les sept étoiles dans sa main droite, celui qui marche au milieu des sept chandeliers d'or : je connais tes œuvres, ton travail et ta persévérance, je sais que tu ne peux supporter les méchants, que tu as éprouvé ceux qui se disent apôtre et qui ne le sont pas et que tu les as trouvé menteur ; que tu as de la persévérance et que tu as souffert à cause de mon nom, et que tu ne t'es point lassé.

Apocalypse 2:1-3

2. Smyrne, je connais tes œuvres.

Écris à l'ange des l'église de Smyrne : voici ce que dit le premier et le dernier, celui qui était mort et qui est revenu à la vie : je connais ton affliction et ta pauvreté (bien que tu sois riche), et les calomnies de ceux qui se disent juifs et ne le sont pas, mais qui sont une synagogue de Satan. Ne crains pas ce que tu vas souffrir. Voici, le diable jettera quelqu'un d'entrevous en prison, afin que vous soyez éprouvé et vous aurez une tribulation de dix jours. Sois fidèle jusqu'à la mort et je te donnerai la couronne de vie

Apocalypse 2:8-10

3. Pergame, je connais tes œuvres.

Écris à l'ange de l'église Pergame : voici ce que dit celui qui a l'épée à double tranchants : Je sais où tu demeures, je sais que là est le trône de Satan. Tu retiens mon nom et tu n'as pas renié ma foi, même au jour d'Antipas, mon témoin fidèle, qui a été mis à mort chez vous là où Satan a sa demeure. Mais j'ai quelque chose contre toi, c'est que tu as là des gens attachés à la doctrine de Balaam, qui enseignait à Balak à mettre une pierre d'achoppement devant les fils d'Israël, pour qu'ils mangent des viandes s'sacrifiés aux idoles et qu'ils se livrent à la débauche.

Apocalypse 2:12-14

4. Thyatire, je connais tes œuvres.

Écris à l'ange de l'église de Thyatire : voici ce que dit le Fils de Dieu, celui qui a les yeux comme une flamme de feu, et dont les pieds sont semblables à des airains ardent, je connais tes œuvres, ton amour, ta foi, ton fidèle service, et ta constante et tes œuvres plus nombreuses que la première. Mais ce que j'ai contre toi c'est que tu laisses souffrir ta femme Jézabel, qui se prophétesse, enseigner et séduire mes serviteurs à commettre la fornication et à manger des choses sacrifiées aux idoles.

Apocalypse 2:18-20

5. Sardes, je connais tes œuvres.

Écris à l'ange de l'église de Sardes : voici ce que dit celui qui a les sept esprits de Dieu, et les sept étoiles : Je connais tes œuvres, que tu passes pour être vivant et que tu es mort : car je n'ai pas trouvé tes œuvres parfaites devant mon Dieu. Souviens-toi donc comment tu as reçu et entendu, et garde, et repens-toi. Si donc tu ne veilles pas, je viendrai sur toi comme un voleur, et tu ne sais pas à quelle heure je viendrai te surprendre.

Apocalypse 3:1-3

6. Philadelphie, je connais tes œuvres.

Écris à l'ange de l'Église de Philadelphie, écris: voici ce que dit celui qui est saint, il est vrai que, celui qui a la clef de David, celui qui ouvre, et personne ne fermera, celui qui ferme personne n'ouvrira, je connais tes œuvres : voici, j'ai mis devant toi une porte ouverte, et qu'aucun homme ne peut ouvrir: car tu as un peu de force, et tu as gardé ma parole, et tu n'as pas renié mon nom.

Apocalypse 3:7-8

7. Laodicée, je connais tes œuvres.

Écris à l'ange de l'Église de Laodicée, écris: voici ce que dit l'Amen, le témoin fidèle et véritable, le commencement de la création de Dieu, je connais tes œuvres, que tu n'es ni froid ni bouillant, puisses-tu être froid ou bouillant. Ainsi, parce que tu es tiède, et ni froid ni bouillant, je te vomirai de ma bouche. Parce que tu dis, je suis riche, je me suis enrichi, et n'ai besoin de rien, et parce que tu ne sais pas que tu es malheureux, misérable, pauvre, aveugle et nu.

Apocalypse 3,14-17

Chapitre 9

Stérile parce que vous êtes aveugle devant l'enfer

Pourquoi de nombreux chrétiens sont stériles

Car si ces choses sont en vous, et abondent, elles ne vous laisseront point oisifs, ni stériles dans la connaissance de notre Seigneur Jésus Christ. Mais celui en qui ces choses ne sont point sont aveugle, et ne peut pas voir de loin, et il a oublié qu'il a été purifié de ses anciens péchés.

2 Pierre 1:8-9

Incapable de voir l'enfer

L'incapacité à voir que la réalité de l'enfer constitue la principale cause derrière oisiveté qui prévaut dans les milieux chrétiens. Moïse a plu à Dieu parce qu'il voyait l'invisible. « Par la foi, il quitta l'Égypte, ne craignant pas la colère du roi : car il demeura ferme, comme voyant celui qui est invisible » (Hébreux 11:27).

Jésus-Christ n'était pas aveugle

Il était concentré sur le Royaume des Cieux et l'enfer tout au long de son ministère.

Dire que Jésus Christ a parlé plus d'argent que de toute autre chose serait une présentation inexacte des faits du Christ et de son message. L'esprit du message du Christ a été pour nous, le point de départ vers l'éternité. Il est venu nous apprendre un certain nombre de choses sur l'Éternel Dieu qui est dans les Cieux. Il nous a appris un certain nombre de choses sur la réalité du jugement éternel.

La cécité de l'enfer

Jésus nous a raconté l'histoire de Lazare et le riche. Si cette histoire est vraie (et elle l'est), alors cela vaut la peine de tout abandonner et d'aller vers le reste du monde pour parler de Jésus. Je veux vous rappeler les leçons que nous tirons de l'histoire de Lazare et du riche.

Quinze leçons tirées de l'histoire de Lazare et du riche

1. Ce n'était pas une parabole, parce que Jésus a mentionné le nom de Lazare, qui doit avoir été une personne réelle qui existait autrefois dans leur ville. Cette histoire est effrayante, car c'est le récit le plus fiable de la vie apres la mort qui nous a été donné. *La plupart des prédicateurs ne l'évoque et ne s'y appesantissent pas au cours de leur prêche. Par conséquent, l'Église est aveuglée des visions de l'Enfer.* Cet aveuglement est plus tragique du fait qu'elle implique l'éternité. Et c'est cet aveuglement qui conduit à la passivité et à la stérilité.

2. L'homme pauvre est mort avant l'homme riche parce que les pauvres meurent en général avant les riches. Il s'agit simplement d'une histoire commune sur cette terre. Toutefois, le riche va en l'enfer et le pauvre homme au paradis. *Cela montre que vivre longtemps ne signifie pas que vous irez à un meillelur endroit après la mort.*

3. De l'histoire de Lazare et du riche, *nous savons qu'il existe, au moins, un homme riche en enfer.* Cela implique que plusieurs autres riches pourraient bien se retrouver en enfer. Cette histoire doit servir d'avertissement à tous les hommes riches.

4. Le riche avait une vie luxueuse, était vêtu de pourpre et de lin fin, une vie loin du besoin. En dépit de cela, l'homme riche est allé en enfer et le pauvre homme au Paradis. *Cela montre que quelle que soit la richesse et l'opulence de votre vie, vous*

pouvez être jeté en Enfer. C'est une pensée très effrayante pour ceux qui n'ont connu que le luxe et la richesse sur la terre.

Après avoir suivi les procès de multimillionnaires comme Michael Jackson et le directeur général d'Enron qui étaient jugés pour divers crimes, j'ai réalisé à quel point les hommes les plus riches sur terre couraient le risque d'être jetés en prisons au milieu d'ignobles criminels. Si les êtres humains peuvent faire cela aux riches sur terre, que fera à son tour Le Dieu Tout Puissant. Il pourrait et il fera tout simplement jeter les hommes riches qui ne le craignent pas en enfer.

5. Le pauvre homme souffrait beaucoup et avait des chiens. Il pansait ses plaies au quotidien. Les chiens léchaient le sang et le pus qui s'écoulaient de l'ulcère énorme sur ses jambes. Pourtant, quand ce pauvre homme est mort, il a trouvé sa place dans le sein d'Abraham. *Cela nous montre que Dieu aime les humbles et les pauvres, même si nous ne les aimons pas.* Contrairement à bon nombre de chrétiens, qui fuient souvent ces gens, Dieu les a aima et son fils est mort pour eux. Il n'est pas étonnant que ce soient souvent les pauvres qui croient le plus à l'existence du ciel et de l'enfer.

6. *Après sa mort, le pauvre Lazare a été transporté par les anges dans le sein d'Abraham.* Ceci est important à savoir car les mauvais esprits qui peuplent ce monde aimeraient capturer chaque âme qui est libérée du corps et l'emmener en enfer. C'est pourquoi une escorte céleste d'anges est nécessaire à la mort d'un saint.

7. *Lorsque le riche mourut, il eu aussi droit à son comité d'acceuil.* Jésus ne nous dit pas quelque chose de plus que l'homme riche qui est descendu. Mais Ésaïe dit : « Le séjour des morts s'émeut jusque dans ses profondeurs, pour t'accueillir à ton arrivée ... » (Esaïe 14:9).

8. Un autre point important à noter est le fait que le riche a vu et reconnu Lazare dans le sein d'Abraham. *Ce fait montre que nous allons continuer notre vie après ce monde et être capable de reconnaître encore plus les uns les autres dans*

le nouveau monde. Dans un autre monde, vous reconnaîtrez quelqu'un que vous a connu sur terre. C'est le cas de l'homme riche qui a reconnu Lazare. Il se souvint de la porte de sa grande maison sur la terre. Il se souvient aussi du mendiant à sa porte.

9. *Cette histoire montre qu'il existe un être intérieur chez tout le monde, un homme actif ou cachés.* Il ya un homme à l'intérieur du corps physique que nous habitons. Cet homme caché jusqu'à ce que le corps meurt. L'homme intérieur est l'esprit et l'âme d'un être humain. L'esprit d'un homme n'est pas une brise soufflant le long ou une poche de vent qui peut être emportées. L'esprit d'un homme est en fait un homme.

C'est pourquoi nous ne perdons pas courage, contrairement, même si notre homme extérieur se détruit, l'homme intérieur se renouvelle de jour en jour.

2 Corinthiens 4:16

Qu'il vous donne, selon la richesse de sa gloire, d'être puissamment fortifiés par son Esprit dans l'homme intérieur ;

Ephésiens 3:16

Mais qu'il soit l'homme caché du cœur, dans ce qui n'est pas corruptible, même l'ornement d'un esprit doux et paisible, qui est aux yeux de Dieu d'une grande valeur.

1 Pierre 3:4

Dans cette histoire, lorsque le riche est mort, il demanda à Lazare de tremper le bout de son doigt dans de l'eau afin de l'aider à rafraichir sa langue. Un doigt est joint à une main, qui est attachée au corps. Une langue est fixée à la bouche, qui est dans la tête. Comme vous pouvez le voir, Jésus a décrit le corps d'un homme. Cela montre que nos esprits sont en réalité intérieure, actif ou des hommes masqués. Vous n'êtes pas une bouffée d'air. Vous êtes un homme vivant à l'intérieur du corps d'un homme !

10. Il existe un lieu où le ver ne meurt pas et où le feu ne s'éteint pas. *Dans ce lieu appelé l'Enfer, les gens cherchent juste une goutte d'eau pour soulager leurs souffrances indescriptibles constantes.* Le tourment de l'homme riche doit être compris comme quelque chose qui dépasse tout entendement humain. Il existe de nombreuses expériences de la souffrance que les gens ont, mais cette description bat tous les records. Il a demandé une goutte d'eau. Dans toute ma vie je n'ai jamais rencontré personne qui a demandé qu'une goutte d'eau. Les gens demandent toujours un verre d'eau ou une bouteille d'eau !

11. *La capacité de se souvenir de votre vie sur terre est quelque chose qui va s'ajouter à l'expérience du ciel ou en enfer.* Abraham dit à l'homme riche de se souvenir de sa vie sur terre. « Mais Abraham dit : MON ENFANT, SOUVIENS toi que tu as eu ta vie tes biens, et que Lazare a eu du mal : mais maintenant il est consolé, et toi tu es tourmenté » (Luc 16:25).

12. Un des faits les plus tristes que Jésus voulait que nous sachions est que *nous ne serions pas en mesure de changer notre situation une fois nous nous sommes retrouvés en enfer.* Jésus a parlé en détail sur la façon dont il y avait un profond fossé séparant le ciel et l'enfer d'où l'impossibilité pour les transferts ou des visites. Là où vous êtes « terre » est l'endroit où vous resterez à jamais.

13. Un fait étonnant, c'est que l'homme riche était très préoccupé par ses parents ne venant pas à cet endroit. *Il semble que quand un homme descend en enfer, il n'a d'autre souci que d'autres ne devraient pas l'y rejoindre.* Cette grande préoccupation de l'homme riche de sa famille perdue est intéressant, parce que beaucoup de chrétiens, et même des pasteurs, sur la terre ne présentent pas de souci pour les disparu. Ils prêchent et enseignent pour la vie de famille heureuse, la prospérité et le succès. Ce sont de bons sujets, mais l'homme riche en enfer ne semble pas que sa famille ait une de ces choses. *Il ne veut pas qu'ils viennent en enfer.*

Pourquoi n'avons-nous pas la même passion pour les disparus comme ce mécréant riche avait quand il est allé en enfer ? Je vous invite à croire à la réalité de tout l'enfer vous qui êtes sur la terre. Je vous invite à prêcher, comme si vous l'avez vu.

Je vous invite à cesser d'être silencieux sur ce sujet important. Je vous invite à en faire une vision qui est face à vos yeux tout le temps. Il vous galvanisera pour la moisson. *Si des gens riches dans nos églises avaient l'expérience d'aller en enfer et de revenir, ils financeraient l'évangélisation de toutes leurs forces et de leurs richesses.*

14. *L'homme riche expose donc l'une des erreurs les plus communes de personnes non sauvées : Vouloir une certaine expérience dramatique pour les inviter à la repentance.* L'homme riche a voulu que Lazare revienne d'entre les morts pour aller parler à ses frères. Abraham savait mieux, s'ils n'ont pas écouté les prophètes ils ne sauront pas écouter quelqu'un qui a ressuscité des morts. En fait, ils seraient les premiers à ridiculiser des histoires à propos de quelqu'un ressuscité des morts. Ils accuseraient les gens d'être obtus, superstitieux, ignorants, stupides et sans intelligence. Ils accuseraient les pasteurs d'être stupides pour croire en quelque chose d'aussi farfelues que les personnes venant de la mort.

15. *Dieu a voulu que les gens soient sauvées par la prédication.* Abraham a dit à l'homme riche que ses frères auraient à écouter Moïse et les prophètes qui prêchaient tous les temps. « ...Il a paru bon à Dieu par la folie de la prophétie de sauver ceux qui croient » (1 Corinthiens 1:21).

Chapitre 10

Stérile parce que vous êtes indifférent au Paradis

La raison pour laquelle de nombreux chrétiens sont stériles

Car si ces choses sont en vous, et abondent, ils font que vous ne serez ni inactifs ni stériles dans la connaissance de notre Seigneur Jésus Christ. Mais celui en qui ces choses est aveugle, et ne peut pas voir au loin, et il a oublié qu'il a été purgé de ses anciens péchés.

2 Pierre 1:8-9

Pouvez-vous voir le Paradis ?
Avez-vous un autre monde en vue ?

Les Chrétiens sont devenus inactifs, parce qu'ils n'ont pas un autre monde en vue. Tout ce que nous avons en vue, ce sont nos nouvelles voitures, maisons, argent et autres biens terrestres. Ne pas avoir un autre monde en vue signifie que vous êtes incapables de voir le ciel ou l'enfer. Cela signifie que l'existence d'un autre monde n'est pas imprimée dans votre cœur. Les chrétiens doivent voir l'autre monde, dans les cieux et ceci les motivera à travailler davantage pour Dieu. Nous devons avoir un autre monde en vue !

Si donc vous êtes ressuscités avec Christ, cherchez les choses d'en haut, où Christ est assis à la droite de Dieu. Mettez votre affection sur les choses ci-dessus, pas sur des choses sur la terre.

Colossiens 3:1-2

Jésus voyait le ciel et parlait sans cesse de son Père céleste. Jésus parlait sans cesse du ciel. Il a parlé d'un endroit où il allait. Il ne parlait pas de cette terre comme un lieu où vivre éternellement. Il a parlé avec passion du ciel et de la façon dont il était sur le chemin. Jésus parlait sans cesse de s'éloigner de cette terre. Il parlait d'aller vers autre lieu. Il a également parlé d'un lieu d'où il était venu. Il semblait clairement avoir un autre monde en vue.

Quinze fois, Jésus avait un autre monde en vue

1. Alors Jésus leur dit, encore un peu de temps je suis avec vous, et puis JE M'EN IRAIS VERS CELUI QUI M'A ENVOYÉ.

Jean 7:33

2. Jésus répondit et leur dit: quoique je rende témoignage de moi-même, mon témoignage est vrai, CAR JE SAIS D'OÙ JE VIENS, ET OÙ JE VAIS, mais vous ne pouvez pas dire d'où je viens, ni où je vais.

Jean 8:14

3. Alors Jésus leur dit encore, JE M'EN VAIS, et vous me chercherez, et mourrez dans vos péchés: OÙ JE VAIS, VOUS NE POUVEZ VENIR. Alors les Juifs disaient, va-t-il se tuer ? Parce qu'il dit, où je vais, vous ne pouvez venir.

Jean 8:21-22

4. Petits enfants, encore un peu pour que je reste avec vous. Vous me chercherez, et comme je l'ai dit aux Juifs, OÙ JE VAIS, VOUS NE POUVEZ VENIR ; ainsi je vous le dis de même.

Jean 13:33

5. Simon Pierre lui dit: Seigneur, où vas-tu ? Jésus lui répondit, OÙ JE VAIS, TU NE PEUX ME SUIVRE, MAIS TU ME SUIVRAS BIEN APRES.

Jean13:36

6. Dans la maison de mon Père il ya plusieurs demeures: si ce n'était pas ainsi, je vous l'aurais dit. JE VAIS PREPARER UNE PLACE POUR VOUS. Et si je vais préparer une place pour vous, je reviendrai, et vous prendrai avec moi pour que

là où je suis, vous y soyez aussi. Et où je vais, vous sachiez, et en sachiez le chemin.

Jean 14:2-3

7. En vérité, en vérité, je vous le dis, celui qui croit en moi fera aussi les œuvres que je fais, et il en fera de plus grandes, parce que JE M'EN VAIS AU PÈRE.

Jean 14:12

8. VOUS AVEZ ENTENDU QUE JE VOUS AI DIT, JE M'EN VAIS, ET JE REVIENS VERS VOUS. Si vous m'aimiez, vous vous réjouiriez, parce que je l'ai dit, je m'en vais vers le Père, car mon Père est plus grand que moi.

Jean 14:28

9. MAIS MAINTENANT JE M'EN VAIS VERS CELUI QUI M'A ENVOYÉ, et aucun d'entre vous ne me demande: Où vas-tu ?

Jean 16:05

10. Cependant je vous dis la vérité: IL VOUS EST AVANTAGEUX QUE JE M'EN AILLE, car si je ne m'en vais pas, le Consolateur ne viendra pas vers vous, mais si je pars, je vous l'enverrai vers vous.

Jean 16:7

11. De la justice, PARCE QUE JE VAIS A MON PÈRE, et vous ne me verrez plus ;

Jean 16:10

12. UN PEU DE TEMPS, ET VOUS NE ME VERREZ PLUS: ET PUIS ENCORE UN PEU, ET VOUS ME VERREZ, PARCE QUE JE VAIS VERS LE PÈRE. Ensuite, certains de ses disciples dirent entre eux : Que signifie ce qu'il nous dit, un peu de temps, et vous ne me verrez plus: et encore un peu de temps, et vous me verrez, et, Parce que je vais vers le Père ?

Jean 16:16-17

13. Je suis sorti du Père, et je suis venu dans le monde: à nouveau, JE QUITTE LE MONDE, POUR ALLER VERS LE PÈRE.

Jean 16:28

14. ET ALORS PARAITRA LE SIGNE DU FILS DE L'HOMME DANS LE CIEL : et alors toutes les tribus de la terre se lamenteront, et elles verront le Fils de l'homme venant sur les nuées du ciel avec puissance et grande gloire.

Matthieu 24:30

15. Jésus lui dit, Tu l'as dit : néanmoins, je vous le dis, CI-APRÈS EST VOUS VERREZ LE FILS DE L'HOMME ASSIS À SA DROITE DE LA PUISSANCE ET VENANT SUR LES NUÉES DU CIEL.

Matthieu 26:64

Dix fois, Paul avait un autre monde en vue

L'apôtre Paul a été un grand exemple de sacrifice et de ministère réussi. Il a été impitoyable dans sa chasse aux âmes. Il a renoncé à tout pour se rendre aux quatre coins du monde connu afin d'implanter des églises sur chaque région. De toute évidence, il avait un autre monde en vue. Ceci est le secret de la moisson des patriarches du ministère : ils avaient un autre monde en vue !

Bien que Paul n'ait pas vécu dans le ciel, son cœur a été fixé sur la récompense promise de l'autre monde. Contrairement aux autres dans leur majorité, Paul ne semblait pas avoir peur de la mort. La mort et l'au-delà semblait être une sorte de bénéfice pour lui. Pour cette raison, il pouvait faire des déclarations telles que : « mourir c'est gagner ».

1. C'est pourquoi ne jugez rien avant le temps, jusqu'à ce que le Seigneur vienne, qui mettra en lumière les choses cachées des ténèbres, et qui manifestera les desseins des cœurs: et alors tous les hommes feront la louange de Dieu.

1 Corinthiens 4: 5

2. Car notre légère affliction, qui n'est que momentanée, opère pour nous un bien plus grand et éternel poids de gloire, tandis que nous regardons, non pas les choses qui sont visibles, mais

des choses qui ne sont pas considérés : car les choses qui sont vu sont temporelles, mais les choses qui ne sont pas visibles sont éternelles.

2 Corinthiens 4:17-18

3. Car Christ est ma vie, et la mort m'est un gain.

Philippiens 1:21

4. Je suis pressé des deux côtés : j'ai le désir de m'en aller et d'être avec Christ, ce qui de beaucoup est le meilleur; mais à cause de vous il est plus nécessaire que je demeure dans la chair.

Philippiens 1:23-24

5. J'ai combattu le bon combat, j'ai achevé ma course, j'ai gardé la foi: désormais il est mis en place pour moi la couronne de justice que le Seigneur, le juste juge, me la donnera ce jour-là: et non pas seulement à moi, mais encore à tous ceux qui auront aimé son avènement.

2 Timothée 4:7-8

6. Ne savez-vous pas que ceux qui participent à une course participent tous, mais un seul reçoit le prix ? Alors courez, afin de pouvoir l'obtenir. Et tout homme qui participe à une compétition se maitrise en toute chose. Maintenant, ils le font pour obtenir une couronne corruptible ; mais nous pour avoir une incorruptible.

1 Corinthiens 9:24-25

7. Car il nous faut tous comparaître devant le tribunal du Christ, afin que chacun puisse recevoir ce qui lui revient pour les choses faites au moyen de corps, selon ce qu'il a fait, que ce soit bon ou mauvais.

2 Corinthiens 5:10

8. C'est pourquoi, mes bien-aimés, et très chers frères, vous qui êtes ma joie et ma couronne, demeurez ainsi fermes dans le Seigneur, mes bien-aimés !

Philippiens 4:1

Chapitre 11

Stérile parce que
vous êtes myope

Notre monde compte sept milliards de personnes aujourd'hui. Si les statistiques ci-dessous vous donnent une idée du nombre d'âmes dispersées partout dans le monde, alors vous n'êtes pas myope.

Si vous comprenez la portée des statistiques ci-dessous, vous n'êtes pas myope. Si vous n'êtes pas myope, vous serez poussés par les réalités que les chiffres transmettent. Vous ne serez plus surpris par la réussite apparente et les réalisations de l'Église actuelle.

Pouvez-vous comprendre
la portée de ces statistiques?

a.   Si le monde comptait 100 personnes, 60 d'entre elles seraient Asiatiques.

b.   Si le monde comptait 100 personnes, 13 d'entre elles seraient Africaines.

c.   Si le monde comptait 100 personnes, 12 d'entre elles seraient Européennes.

d.   Si le monde comptait 100 personnes, 9 d'entre elles seraient de l'Amérique du Sud.

e.   Si le monde comptait 100 personnes, 5 d'entre elles seraient de l'Amérique du Nord.

f.   Si le monde comptait 100 personnes, 1 serait de l'Océanie

Si vous êtes myopes, vous ne comprendrez jamais la portée de ces statistiques surprenantes. Le monde entier n'est pas uniquement fait d'Américains. C'est une impression que le monde donne sur l'Amérique. N'est-il pas surprenant que si le monde avait 100 personnes, 60 viendraient de l'Asie et seulement 5 viendraient de l'Amérique ? N'est- il pas surprenant qu'après l'Asie, l'Afrique soit la partie du monde la plus peu-plée ? En dépit de ces réalités, la plupart des ministères convergent vers l'Amérique pour prêcher à une communauté déjà « saturée » par la Bonne nouvelle.

Pourquoi beaucoup de chrétiens sont stériles

Car si ces choses sont en vous, et y sont avec abondance, elles ne vous laisseront point oisifs, ni stériles pour la connaissance de notre Seigneur Jésus Christ. Mais celui en qui ces choses ne sont point, est aveugle, IL NE VOIT PAS DE LOIN, et il a mis en oubli la purification de ses anciens péchés.

1 Pierre 2 : 8-9

La myopie

La plus grande cause d'oisiveté dans l'Église d'aujourd'hui est peut-être la myopie. L'inhabilité à voir au-delà de notre petite communauté constitue la plus grande cause d'oisiveté dans l'Église actuelle. Notre regard ne s'étend pas vers les personnes abandonnées, les pauvres, et les âmes affamées qui attendent que nos ministères viennent à eux. Nous voyons juste les grandes villes de ce monde. Notre regard se pose sur ces masses, qui par l'offrande, enrichissent les grandes Églises. Ceci est déplorable au vue de ce qu'a accompli le Christ pour le monde.

Jésus-Christ n'était pas myope

Jésus a vécu et opéré sur un rayon de deux cent miles. Il n'avait pas de voiture ou ni d'avion pour se rendre d'une région à l'autre du monde. Cela ne l'a pas pour autant rendu myope. Il voyait le chemin au-delà Jérusalem. Lorsqu'il a envoyé ses disciples, il leur a parlé de la Judée, la Samarie et d'autres régions du monde.

Il les a envoyés vers des terres éloignées. Il y'en a d'autres qui attendent et espèrent que ce salut viendra aussi à eux. Aujourd'hui, La voix de Jésus retentit encore, nous demandant de nous rendre dans d'autres régions du monde.

Chapitre 12

Stérile parce que vous avez la mémoire courte

La raison pour laquelle de nombreux chrétiens sont stériles

Car si ces choses sont en vous, et y sont avec abondance, elles ne vous laisseront point oisifs ni stériles pour la connaissance de notre Seigneur Jésus-Christ. Mais celui en qui ces choses ne sont point est aveugle, il ne voit pas de loin, et il a mis en oubli la purification de ses anciens péchés.

2 Pierre 1:8-9

L'Oubli

La plupart des églises ont oublié comment elles sont nées. Aucune expansion d'église ne s'est faite sans sacrifice. La plupart des églises et ministères ont vu le jour grâce au sang et au sacrifice de *quelqu'un*. Les gens ne sont sauvés que lorsque des chrétiens portent leurs croix et suivent Jésus ! Nous avons oublié comment le salut est venu aux gens de ce monde. Nous aurons à faire ce que d'autres ont fait pour être sauvés. Nous donnerons nos vies pour la cause de l'Évangile.

Les missionnaires ont voyagé pour le Ghana, le Nigeria, la Malaisie, la Chine et l'Inde donnant leur vie pour la cause de Jésus Christ. C'est pourquoi il se retrouve des chrétiens dans ces pays aujourd'hui. Beaucoup de sang a été versé pour l'avancement du message de Jésus Christ.

Le célèbre missionnaire Hudson Taylor, a passé 60 ans en Chine dans le but de transmettre le message de Jésus Christ au peuple chinois. Il a perdu quatre femmes et six enfants durant sa mission ! Ceci représente du précieux sang versé par les missionnaires ! Ces derniers représentent des êtres chers qu'une personne aurait enterrés. Le prix a payer pour la transmission de l'évangile de Jésus Christ est très lourd. Pourtant, des missionnaires sont encore appelés à se déployer. Des vies sont encore appelées à être sacrifiées. Des personnes sont encore appelées à mourir pour servir le Seigneur. Détrompez-vous si vous pensez que le jour de mourir pour Dieu et son service est déjà passé. N'oubliez pas ce principe chrétien élémentaire : la croix de Jésus Christ et le sacrifice de nos vies sont les moyens pour l'avancement réel de l'Église.

La prospérité, le succès, la sécurité et l'évangile ne sauveront jamais le monde ! C'est le même message qui est prêché par les banques et les compagnies d'assurance. Ce n'est pas l'évangile de Jésus Christ et ça ne le sera jamais.

L'évangile Jésus Christ c'est MOURIR, PERDRE et ABANDONNER afin que le royaume de Dieu gagne du terrain. Alors Jésus dit à ses disciples: Si quelqu'un veut venir après moi, qu'il renonce à lui-même, qu'il se charge de sa croix, et qu'il me suive. Car celui qui voudra sauver sa vie la perdra, mais celui qui la perdra à cause de moi la trouvera. (Matthieu 16 :24-25)

Jésus-Christ n'oubliait pas

Bien que bon nombre d'entre nous oublient la vérité élémentaire de la croix, Christ ne l'a jamais fait.

Il n'a jamais perdu de vue sa mission et est allé plus loin en donnant sa vie pour le salut du monde. Les foules, les ministères réussis et les miracles ne se dissociaient pas du devoir ultime de son sacrifice sur la croix pour l'humanité. Il a demandé à son ministère d'arrêter de prêcher et d'enseigner et, a vaillamment marché sur Jérusalem où il savait ce qui l'attendait.

À deux reprises, Pierre a essayé d'empêcher JÉSUS d'aller vers la croix. Il a fait cela parce qu'il ne se souvenait, ni ne comprenait comment le SALUT devait passer par le sang du sacrifice. À une reprise, Jésus a appelé Pierre, le DIABLE qui essaie de l'empêcher d'aller vers la croix. Dès lors Jésus commença à faire connaître à ses disciples qu'il fallait qu'il se rende à Jérusalem, afin qu'il endure les souffrances infligées par les anciens, les principaux sacrificateurs et les scribes, et soit mis à mort afin de ressusciter le troisième jour. Pierre, l'ayant pris à part, se mit à le reprendre, en disant : À Dieu ne plaise, Seigneur ! Cela ne t'arrivera pas. Mais Jésus, se retournant, dit à Pierre : Arrière de moi, Satan ! Tu m'es en scandale ; car tes pensées ne sont pas les pensées de Dieu, mais celles des hommes. (Matthieu 16 : 21-23)

Une autre fois, Pierre, en ce moment, a pris une épée pour empêcher au supplice de la croix de venir à eux. C'est exactement ce que font les chrétiens aujourd'hui lorsqu'ils s'opposent indirectement et empêchent les jeunes de donner leurs vies pour l'œuvre de Dieu.

Cependant, Jésus avait juste une question à poser à Pierre : NE BOIRAI-JE PAS LA COUPE QUE LE PÈRE M'A DONNÉE À BOIRE ? Simon Pierre, qui avait une épée, la tira, frappa le serviteur du souverain sacrificateur, et lui coupa l'oreille droite. Ce serviteur s'appelait Malchus. Jésus dit à Pierre : Remets ton épée dans le fourreau. Ne boirai-je pas la coupe que le Père m'a donnée à boire ? La cohorte, le tribun, et les huissiers des Juifs, se saisirent alors de Jésus, et le lièrent. (Jean 18 :10-12).

Chapitre 13

Les obstacles qui empêchent de produire des fruits

1. Vous devez surmonter les maladies de l'esprit afin de produire des fruits

Certains chrétiens ne produisent pas de fruits pour la simple raison qu'ils ne sont pas en santé. Ils ne sont pas normaux. Ce ne sont pas des chrétiens fertiles parce qu'il y a une *maladie spirituelle* quelque part.

Parfois lorsqu'une femme ne peut pas faire d'enfants, cela est du à une maladie. Certaines causes de l'infertilité sont dues au blocage des tubes de Fallope, l'incapacité pour les ovaires de produire des œufs, la destruction de l'utérus due à un avortement précédent etc. Tout ceci renvoie à des raisons de *santé* qui garantissent la naissance d'un enfant.

En outre, lorsque les chrétiens sont incapables de donner naissance ou d'être féconds, c'est souvent parce qu'il y a une maladie dans leur vie chrétienne. Quoiqu'ils naissent de nouveau, ils sont spirituellement malades. L'une de ces maladies est la paresse (Certaines personnes sont simplement trop paresseux pour travailler pour Dieu) ! Une autre est l'orgueil. Aussi, beaucoup de chrétiens ne sont pas fertiles parce qu'ils vivent dans le péché. En effet, rien n'affecte plus les chrétiens fertiles comme le péché.

Certaines personnes ont tellement de mauvaises habitudes qu'elles n'osent même pas partager l'évangile. C'est tout simplement une question de caractère. Je me souviens d'un chrétien charismatique qui fumait tellement au point où cela constituait déjà un véritable problème dans son bureau. Tout le monde se plaignait, y compris son patron. Alors, si quelqu'un comme ce dernier essayait de prêcher aux autres, personne ne le prendrait au sérieux. Il n'essaierait probablement pas de toute façon ! Ce type de personnes est spirituellement malade. C'est pourquoi, ils ne peuvent pas produire de fruits. Mais la Bible nous instruit dans 2 Pierre 1:5-8 d'ajouter à notre foi, la vertu... la tempérance...la patience...la bonté...la fraternité...la gentillesse...la charité. Car si ces choses sont en toi, et abondent, ELLES FONT EN SORTE QUE VOUS NE SOYEZ NI OISIFS NI INFERTILE.

Si ces choses sont en vous...elles vous rendront fertiles ! Notons ici que Pierre énumère un certain nombre de qualités qui nous empêche de devenir oisifs et infertiles dans les actions de Dieu.

C'est pourquoi certains chrétiens sont infertiles ; parce qu'ils n'ont pas de vertu, la tempérance ou la fraternité. Le cancer du péché a fait d'eux des chrétiens malades. Les personnes malades sont toujours infructueuses.

2. Vous devez surmonter les soucis de ce monde afin de produire des fruits.

Les soucis du siècle, la séduction des richesses et l'invasion des autres convoitises, étouffent la parole, et la rendent infructueuse.

Marc 4 :19

Lorsque la Parole de DIEU est étouffée, son effet se trouve bloquée et obstruée. C'est exactement ce qui arrive à certain chrétiens. Ils deviennent tellement occupés par d'autres choses qu'ils n'ont plus de temps pour les choses de Dieu.

Lisez encore le texte, vous remarquerez que même les soucis normaux de la vie peuvent retarder votre progression spirituelle. Les objectifs de votre boulot, par exemple, les pressions du travail académique et les challenges dans l'éducation des enfants peuvent vous rendre infructueux.

Beaucoup de chrétiens admettent que la bénédiction nuptiale étouffe la parole et ils finissent par ne plus être utile pour DIEU. Certaines personnes se comportent comme si leur grossesse était une maladie. Elles utilisent leur grossesse comme un prétexte pour arrêter de travailler pour Dieu. En fait, certains chrétiens sont si attachés aux soucis de cette terre que tout ce qu'ils ont à offrir ne sont que des excuses.

« Mais Pasteur, mes enfants…mes études…mes affaires… »

Qu'en est-il du travail pour DIEU ? Si vous êtes très occupés à vous intégrer parmi les âmes gagnantes, alors vous êtes vraiment trop occupé !

3. Vous devez surmonter les convoitises et les plaisirs de cette vie afin de porter des fruits.

La convoitise des choses est autre facteur qui tue et étouffe la parole de Dieu. Parce qu'on désire être quelqu'un d'important, on renonce à l'appel de DIEU. Parce qu'on désire dans certains pays, on rejette l'opportunité d'être fertile dans la maison de Dieu. La profonde convoitise des choses de ce monde peut faire obstacle à l'appel de DIEU.

4. Vous devez surmonter les tromperies des riches afin de porter du fruit.

Les bénédictions de Dieu dans nos vies ne sont pas faites dans l'intention de nous empêcher de travailler pour lui. Nous devons plutôt surmonter ces liens potentiels et continuer à être fructueux dans son vignoble. J'ai hâte de voir le jour où le juge continuera à battre son tambour dans l'Église. J'ai hâte de voir le jour où les femmes agiront comme des pasteurs en dépit du fait qu'elles aient quatre enfants. J'ai hâte de voir le jour où s'activeront toujours plus pour servir l'Église.

5. Vous devez surmonter les distractions afin de porter du fruit.

Puis il leur dit : ALLEZ PAR TOUT LE MONDE, et prêchez la bonne nouvelle à toute la création.

Marc 16:15

Lorsque j'étais à l'école, j'étais méprisé par certains de mes camarades car je ne participais pas beaucoup aux activités sportives. Je choisissais plutôt de me concentrer sur mes études (après tout, c'est la raison pour laquelle j'étais là). En regardant la façon dont certaines personnes s'entrainaient pour des événements sportifs, on pouvait croire que c'était la raison principale pour de leur présence à l'école.

Après la publication des résultats de l'examen final, je reçu une distinction, tandis que mes camarades sportifs échouaient lamentablement. Vous voyez, ils ont manqué la fin. Au lieu de se concentrer sur l'objectif principal d'obtenir leur diplôme avec de bonnes notes, ils ont été distraits de leurs études par le sport. Ils se sont trompés parce qu'ils n'ont pas bien établis leurs priorités.

En tant que chrétiens, nous devons être constants et impassibles, peu importe ce qui se passe autour de nous. Nous devons avoir une vision, parce que sans une vision, nous serons détournés de notre objectif. Même dans ma fonction pasteur, je ne me suis pas encombré de réunions « politique » (nous parlons ici de politique inter-église.) Actuellement, je suis déterminé à rester en retrait de ces réunions. La raison est simple, je souhaite rester concentré sur la mission de gagner des âmes.

L'Église de Dieu est la seule institution au monde chargée de prêcher l'Évangile, chasser les démons, et confirmer la véracité de la Parole de Dieu. Nous ne devrions donc pas nous laisser distraire par les partis politiques, la politique inter-église, le commerce, ou l'éducation laïque.

C'est pourquoi, mes frères bien-aimés, soyez fermes, inébranlables, toujours [et non parfois] abondant dans l'œuvre du Seigneur...

1 Corinthiens 15:58

Ici, Dieu nous dit en tant que personnes, étudiants, travailleurs, et en tant qu'Église, de *tenir fermes* nos objectifs.

Avez-vous remarqué que les riches, les entreprises à succès restent concentré sur leur objectif principal ? Prenez une entreprise à succès comme Unilever, une entreprise manufac-turière d'envergure internationale. Depuis des générations, ils se font de l'argent au Ghana et cela quel que soit le gouvernement en place. Les gouvernements se sont succédé, mais ils sont tenus fermes dans leur domaine. Les chrétiens doivent apprendre à poursuivre leur activité principale et sans être distraits.

Un grand nombre de personnes périssent, et il y a beaucoup de travail à faire. Malheureusement, notre attention est souvent détournée par des choses secondaires. Un certain nombre de choses peuvent vous distraire. Mais l'important est de gagner les âmes et d'en faire des disciples de Jésus. Si seulement nous pouvons être fermes et inébranlable en restant concentrer sur la Grande Mission, nous produirions des fruits.

6. Vous devez accéder à la maturité, afin de porter du fruit.

Une autre raison pour laquelle les gens ne portent pas de fruits est le manque de maturité dans les choses de Dieu. Un chrétien non convertit est immature. Si vous n'êtes pas entièrement développé, vous ne pourrez pas avoir d'enfants. Une jeune fille, par exemple, âgée de cinq ans ne peut pas enfanter. Ceci parce qu'elle n'est pas encore mûre ou adulte. Une fois que vous êtes né de nouveau, votre principal objectif doit être de grandir dans la foi. Vous devez quitter l'enfance pour l'âge adulte et passer de l'immaturité à la maturité.

Beaucoup de chrétiens restent au stade infantile. Au moment où ils devraient avoir grandis pour enseigner la parole aux autres, ils ont toujours besoin d'assistance. Pour eux, le service de l'Église est comme une série télévisée. Tout ce dont ils se rappellent au sujet du sermon, ce sont les plaisanteries.

Un chrétien immature va d'Église à Église et d'un programme à un autre à la recherche des sensations fortes. Si un prophète célèbre devait commencer une Église dans la rue, ils laisseraient immédiatement tout tomber pour partir !

Écoutez, vous cherchez quelque chose de nouveau ? Alors laissez-moi vous dire, il n'y a rien de nouveau sous le soleil. Ne sois pas un chrétien airant, soufflé comme du vent par tout type de doctrine. Ne sois pas superficiel et puéril, ballotté à tout vent. Devient un chrétien stable qui sait ce qu'il fait, et ne permet à rien du tout de le balancer.

L'arbre mature dit : « Je ne veux pas être déplacé. Je reste planté là, et me concentre sur la croissance, jusqu'à ce que je porte mes fruits. »

Église de Dieu, il est temps de grandir ! Il est de produire des fruits, que nous sommes mûrs.

Lorsque j'étais enfant, je parlais comme un enfant, je pensais comme un enfant, je raisonnais comme un enfant ; lorsque je suis devenu homme, j'ai fait disparaître ce qui était de l'enfant.

I Corinthiens 13 : 11

7. **Vous devez surmonter la tendance l'instable, afin de porter des fruits.**

...Le sarment ne peut porter du fruit lui-même, sauf s'il ne demeure...en Celui qui demeure en moi et moi en lui, celui la porte beaucoup de fruits...

Jean 15:4, 5

Jésus dit ici que vous et moi ne pouvons produire de fruits, à une seule condition, que nous demeurions en Lui et Lui en nous. Cela signifie resté ou être planté ; être résident ; demeurer en Christ, continuer l'œuvre de Dieu.

Vous voyez, vous restez à la même place pendant un certain temps afin de devenir productifs en ce même endroit.

Après tout, chaque arbre doit être alimenté sur une période de temps jusqu'à ce qu'il puisse porter des fruits de sa propre initiative. Aucun manguier ne peut porter des fruits après seulement un an. Il est nécessaire de passer plusieurs années sur un même lieu pour produire des fruits.

Par exemple, beaucoup de pasteurs et d'anciens de notre Église sont demeurés ici pendant un bon bout de temps. Ils sont demeurés des chrétiens qui ont produit des leaders fructueux. C'est seulement en restant assez longtemps afin d'être nourri, que vous pourrez vous développer et devenir utile.

Beaucoup de chrétiens n'accèdent pas au stade de la production des fruits. Peu de temps après être plantés, ils se déracinent. Aujourd'hui, ils sont membres ici, demain, ils appartiennent à une autre congrégation. Un jour, ils sont impliqués dans ce domaine, un autre jour, ils passent à autre chose.

Un arbre souvent transplanté ne grandira plus jamais et ne sera plus en mesure de porter un grand nombre de fruits.

Les personnes âgées sont généralement plus stables dans ce qu'ils font. Ils semblent avoir une certaine « onction qui reste ». Avez-vous remarqué que les membres d'une ancienne dénomination chrétienne ne changent rarement, sinon jamais de dénomination ?

Cher Chrétien, Dieu veut que vous ayez un esprit paisible. Soyez stable dans l'Église. Soyez permanents. Demeurez. Prenez la bonne décision en restant planté dans une Église remplie de l'Esprit et guider par la Parole . Ensuite, enracinez-vous jusqu'à ce que votre fruit commence à apparaître.

Ceux qui sont plantés dans la maison de L'ÉTERNEL... porteront encore des fruits dans la vieillesse...
Psaume 92:13,14

8. Vous devez vaincre l'inactivité, afin de porter des fruits.

Les gynécologues savent pertinemment que beaucoup de couples sans enfants ne sont pas sexuellement actifs. Ils sont couchés au lit comme des bûches dans un camion !

Certaines femmes mariées veulent réellement les enfants, mais ne veulent pas avoir de relations sexuelles. Elles « font » l'amour seulement une fois par mois, se plaignent après de ne pas avoir d'enfants.

Voilà comment cela se passe avec certaines personnes. Ils sont bien chrétiens, mais parce qu'ils ne sont pas actifs, ils n'ont pas d'enfants, pas de convertis, pas de fruits.

Il suffit de regarder autour, et vous observerez que les chrétiens passifs ne portent pas de fruits. Voulez-vous être enceinte et avoir des enfants ? Par conséquent, vous devrez vous engager dans l'activité qui vous rendra enceinte. Voulez-vous être un chrétien fructueux ? Par conséquent, vous devrez vous engager dans l'activité qui vous rendra fructueux. Témoigner, enseigner, et aider l'Église, vous aideront à devenir actifs dans l'œuvre de Dieu!

Certaines personnes disent : « Mais pasteur, je suis du genre calme, je ne veux pas d'ennuis. Je préfère m'occuper de mes affaires. »

« Je ne veux pas prêcher à mes partenaires d'affaires, ils croiront que je suis bizarre. »

Avec de telles excuses, nous restons totalement inactifs dans un vignoble arrivé à maturité pour la moisson.

Alors, comment pouvons-nous passer de simples spectateurs à des participants actifs ?

...Cultivez votre terrain en friche...

Osée 10:12

Un terrain en friche est celui qui a été laissé au sommeil, repos, intact et non utilisé. Et là, le Seigneur nous dit de rompre (cultiver) notre terrain en friche. C'est, utiliser notre potentiel inexploité. Aujourd'hui, on retrouve beaucoup de chrétiens endormis mais au potentiel inexploité dans l'Église. Ils sont doués, mais ne font pas beaucoup usage de leurs dons.

Bon nombre de gens sont juste assis, à ne rien faire, tandis que quelques travailleurs font de leur mieux pour s'acquitter de la Grande Mission. Pour cette raison, il semble que seuls quelques-uns sont appelés, mais la Parole de Dieu dit que beaucoup sont appelés. Beaucoup d'hommes ! Beaucoup de femmes ! Beaucoup de jeunes !

Lorsque vous commencerez à utiliser vos talents et vos dons au service du Seigneur, vous vous trouverez de plus en plus fructueux. Votre activité chrétienne régulière donnera des résultats, et vos fruits commenceront résolument à apparaître.

Chapitre 14

Quatre avantages à porter des fruits

1. Porter des fruits prouve que vous êtes un véritable chrétien.

J'ai commencé à réaliser que tous les membres de l'Église ne sont pas nécessairement de vrais chrétiens. Cette situation est regrettable, mais beaucoup de ceux qui vont à l'Église ne sont pas réellement nés de nouveau, et ne connaissent même pas Dieu dans leur vie personnelle.

Il ya quelques années, nous avons eu un patient affecté au service de gynécologie de l'hôpital Korle-Bu, où je travaillais. Cette femme était âgée d'une vingtaine d'année, mais n'avait jamais eu de règles. Maintenant, en tant que médecin, je savais que c'était anormal. Après examen, nous avons découvert que cette femme « était en fait un homme » ! Nous découvert trouvé qu'elle avait des organes mâles. Cela explique pourquoi « elle » ne pouvait pas avoir ses règles.

Ainsi, en dépit de son apparence extérieur, « elle » ne pouvait jamais concevoir d'enfants parce qu'« elle » n'était pas une femme mais un homme. « Elle » n'était pas une femme, en fait nous devions dire « il » !

C'est pourquoi certaines personnes ne peuvent porter de fruits, parce qu'ils ne sont pas de vrais chrétiens. Ils ne sont pas authentiques. Ils sont comme ces magasins de ville, qui sont censés être des boutiques et des magasins de pièces de rechange. Pourtant, ils donnent toujours l'impression d'être inaccessible. Chaque jour, ils prétendent être « en rupture de stocks », alors qu'en réalité, ils font quelques autres affaires illégales derrière le comptoir. Certaines personnes ne sont tout simplement pas ce qu'elles prétendent être.

Alors, comment pouvons-nous dire si vous êtes un vrai chrétien ou non ? Eh bien, c'est très simple :

C'est donc à travers leurs fruits que vous les reconnaitrez.

Matthieu 7:20

On peut distinguer les chrétiens authentiques des faux en regardant leurs fruits !

Si, par votre activité spirituelle, d'autres comme vous sont arrivés au Seigneur et ses disciples, alors ce fruit peut être jugé réel et bon !

Mais si vous ne reflétez pas la véritable foi chrétienne, alors quelque chose vous manque. Peut-être que vous n'êtes pas sincère. Peut-être vous êtes juste un figurant. Pas étonnant que certains soi-disant chrétiens ne soient pas intéressés à la lecture de Bible ou l'œuvre de Dieu. (Leur seule réponse au sermon du pasteur est un grand bâillement !)

Aujourd'hui, beaucoup de gens viennent à l'Église pour des raisons autres qu'un profond désir de rechercher Dieu. D'autres se contentent de suivre un membre de leur famille ou un ami à l'Église. C'est pourquoi certaines personnes s'en vont lorsque certaines choses se produisent - parce qu'ils ne sont pas vraiment ce qu'ils prétendent être.

Pour cette raison, je ne cesse de répéter aux jeunes dans notre Église, « Si quelqu'un veut vous épouser, regardez ses fruits, et non à sa belle apparence. Vous le reconnaîtrez par ses fruits. »

Dans une grande Église comme la nôtre, toutes sortes de bêtes se mêlent au véritable troupeau de Dieu. Des loups déguisés en brebis ne peuvent pas témoigner pour le Christ. Si quelque chose de bien vous est réellement arrivé, vous allez le dire aux autres, avec joie. Personne ne fera pression sur vous. Vous parlerez naturellement.

Cher ami, si toute votre vie chrétienne se résume à aller l'église tous les dimanches, alors vous passez à côté de l'essentiel de l'activité spirituelle.

Le vrai christianisme a lieu en DEHORS de l'église APRÈS les dimanches. Chaque jour de la semaine doit avoir son lot de prières, de culte, de lecture de la Bible et de travail pour le Seigneur.

Donc, si vous vous consolez en pensant qu'être se résume juste à aller à l'église le dimanche, alors j'ai bien peur pour vous, mais je dois vous « dé consoler » ! Votre appartenance à l'Église ne prouve pas que vous êtes un véritable chrétien ! Voici quelques conseils judicieux de 2 Corinthiens 13:5. « Examinez-vous, si vous êtes dans la foi. »

Ami, soyez sincère. Tout d'abord, naissez de nouveau. Puis montrez par vos fruits que vous êtes un vrai chrétien engagé.

2. En portant des fruits, renforcez le nombre de vos semblables dans l'Église.

Dans le septième chapitre de la Genèse, Dieu ordonna à Noé d'entrer dans l'arche avec sa femme, ses trois fils et leurs épouses. En outre, il devait prendre avec lui, des mâles et femelles de toutes espèces. Pourquoi tant d'intérêt dans la préservation d'un couple de chaque espèce animale ?

Eh bien, c'était pour préserver la vie sur terre après le déluge. Jetez un œil sur ce verset :

Aussi des créatures volantes des cieux, sept par sept, le mâle et la femelle, AFIN CONSERVER LA SEMENCE sur toute la surface de la terre.

Genèse 7:3

La traduction Helen Spurrel de l'Ancien Testament écrit de cette façon:

...Pour préserver l'espèce...

Genèse 7:3

Ce faisant, Dieu a assuré la survie de chaque espèce animale ce jour, parce qu'il savait que Noé ne pouvait jamais donner naissance à l'un de ces animaux. Il ne pouvait que reproduire sa propre espèce humaine.

Ce même principe s'applique spirituellement. Une espèce qui porte des fruits assure sa survie dans l'Église. Vous voyez, parce que je porte des fruits de ma propre espèce, on retrouve beaucoup de médecins dans notre église. Il existe plusieurs médecins-pasteurs dans le ministère avec moi maintenant. Certains d'entre eux sont même engager dans le ministère à plein temps. J'ai conservé mon espèce!

Maintenant, vous aussi pouvez commencer à faire convertir des personnes qui sont juste comme vous. Ceci est votre contribution à la croissance et à la continuité de l'église. Cher ami, pensez juste à la croissance que nous aurons, si seulement l'Eglise de Dieu suivait la méthode prescrite qui voudrait que chaque chrétien porte les fruits de son espèce.

Comme nous avons tous commencé à fonctionner de cette façon, nous aurons sûrement expérimenté un taux de succès élevé dans notre évangélisation personnelle, résultant de la croissance de tous les côtés pour le Corps du Christ.

3. Porter de fruits vous apportera beaucoup de joie.

Voyez, les fils sont un héritage de l'ÉTERNEL... Heureux l'homme qui a rempli son carquois de ceux ci...

Psaume 127:3,5

Ici, nous comprenons que celui qui a beaucoup d'enfants est un homme heureux. Cependant, les enfants ne viennent pas si facilement. En fait, si l'on considère les nombreuses expériences douloureuses et embarrassantes qui ont lieu à la salle d'accouchement, cela vous pousse à vous poser la question de savoir, « Pourquoi les femmes souhaitent avoir plus d'enfants ? »

Tout d'abord, il y a la honte de s'exposer à de parfaits inconnus. Ensuite, il y a l'agonie du travail lui-même. Les os du bassin s'écartent réellement pour permettre au bébé de sortir. Parfois, lorsqu'il devient de recourir à la chirurgie, les cris des femmes confirment la terrible douleur qu'elles subissent. Vraiment, ce n'est pas une expérience facile à vivre. (La première fois que j'ai observé un accouchement, j'ai éprouvé un sentiment de profond respect pour les femmes.)

Alors pourquoi le font-elles encore et encore ? Jésus explique :

...Elle ne se souvient plus de l'angoisse, à cause de la JOIE qu'un homme soit né dans le monde.

Jean 16:21

Après la naissance du bébé, les femmes ressentent une grande joie, ce qui m'est impossible d'expliquer. Seules celles qui ont vécu l'expérience peuvent vous l'expliquer, mais il ya une joie suprême après l'accouchement. Une profonde joie après avoir enfanté un être qui est le leur. C'est cette joie qui les fait revivre le même processus encore et encore.

De la même façon, il ya une joie que vous ne connaîtrez jamais jusqu'à ce que vous ameniez les autres à être né de nouveau dans le royaume de Dieu. Le fait que quelqu'un soit né de nouveau et se stabilise en Christ sous mon ministère, est une joie que je ne peux pas correctement exprimer. La Bible dit : « *Heureux* l'homme qui a rempli son carquois de ces enfants. »

C'est ce qui me retient dans le ministère, en dépit de toutes les situations que je vis en tant que pasteur. Mis à part le fait d'être souvent loin de ma famille, je dois supporter beaucoup de ridicules et de suspicions. Parfois, les gens vous traitent de manière *outrageante*, car ils supposent que vous n'avez rien de mieux à faire.

Je supporte la honte, à cause de la joie indicible de gagner des âmes pour le Seigneur ! Vous ne connaitrez jamais cette joie à moins que vous commenciez à porter des fruits et les regardiez grandir.

4. Porter du fruit vous fera ne pas avoir honte le jour du jugement.

L'un des versets les plus repris et gravé sur les nombreuses pierres tombales de nos cimetières est tiré du livre de l' Apocalypse au verset 14:13 : « ...Bienheureux sont les morts qui meurent dans le Seigneur, dès maintenant... afin qu'ils se reposent de leurs labeurs... »

Maintenant, attention: il n'a pas dit : « Heureux sont ceux dans la chorale », ou « Heureux ceux qui meurent dans l'église. » Chers amis, il est question ici *de vivre dans le Seigneur*, et pas uniquement dans l'église !

Mais le texte se termine par une révélation très importante : «...et leurs œuvres les suivent. »

Lorsque vous mourrez, vous ne pouvez pas prendre quelque chose avec vous. Vous ne pouvez pas prendre avec vous, votre voiture, votre argent, ou même vos vêtements. Après la mort la seule chose qui peut vous, ce sont vos œuvres. C'est-à-dire les fruits que vous avez portés durant votre vie chrétienne. Les disciples que vous avez établis dans le Seigneur sont vos enfants chrétiens. Maintenant, concernant les enfants spirituels, que nous apprend la Bible :

Heureux est l'homme qui a rempli son carquois d'entre eux *[Les enfants]* : ils n'auront pas honte...
Psaume 127:5

Très bientôt, vous allez paraître debout devant le trône du jugement du Christ. Allez-vous rester là les mains vides et tout éhontés ? Ou, allez-vous vous décider enfin à porter les fruits d'un travail qui vous suivront ?

Chapitre 15

Dix raisons pour lesquelles les gens n'utilisent pas leurs talents

Car le royaume des cieux est comme un homme qui voyageant dans un pays lointain, appela ses serviteurs et leur remit ses biens. Et il donna à l'un cinq talents, à un autre, deux, et à un autre, un, à chacun selon ses nombreuses aptitudes ; et aussitôt pris son voyage.

Alors celui qui avait reçu les cinq talents s'en alla, et fit du commerce avec les mêmes, et il gagna cinq autres talents. Et celui qui avait reçu deux fit de même et en gagna aussi deux autres.

Mais celui qui avait reçu qu'un s'en alla et creusa dans la terre, et cacha l'argent de son maître. Après un long moment le maître de ces serviteurs revint, et régla ses comptes avec eux.

Matthieu 25:14-19

Dieu a donné à chacun de nous, une tâche à accomplir. Il a donné à tous une vocation ou un talent. Cette histoire classique de notre Seigneur Jésus illustre une vérité intemporelle dans le monde chrétien. Certaines personnes ont eu plus de talents que d'autres mais tout le monde a reçu quelque chose. Étonnamment, certaines personnes n'ont pas utilisé leurs dons et n'ont pas été tranquilles à ce sujet non plus. Ils avaient beaucoup à dire au maître le jour du Jugement.

Je crois que cette histoire est l'une des illustrations les plus éclatantes de la façon dont Dieu dote chacun de dons et des vocations. Pourtant, beaucoup ne font rien du tout de ces dons. Dans cette section, je veux partager avec toi dix raisons pour lesquelles, je crois que beaucoup de gens n'utilisent pas leurs talents en dépit de leur vocation. Certaines personnes ne font tout simplement rien de leurs talents et de leurs dons.

Première raison : la peur

Et J'AI EU PEUR, et je suis allé cacher ton talent dans la terre...

Matthieu 25:25

La peur est un mauvais esprit qui paralyse les chrétiens dans l'inactivité. Peut-être, elle est l'une des plus grandes forces qui empêchent les gens de mettre en valeur leurs talents et de les utiliser. À de nombreuses périodes de ma vie, la peur a failli me paralyser dans l'inactivité et l'inutilité. Je me souviens, à plusieurs reprises de ces moments où la peur a failli de m'empêcher de servir le Seigneur en usant de mes talents.

1. La peur de commencer une église

Lorsque j'allais commencer l'église, j'étais rempli de crainte et je pensais qu'elle ne pourrait survivre . Mon pasteur assistant a discuté avec moi à propos du démarrage de nos activités chrétiennes en dehors de la ville d'Accra, dans une ville appelée Nsawam.

Il a suggéré : « Pourquoi ne pas commencer cette église en Nsawam de sorte que si ça ne marche pas, personne ne saura. » Je vous le dis, c'était une suggestion très intéressante en raison des nombreuses inquiétudes dans mon cœur et portant sur la question de savoir si l'Église survivra ou non. Néanmoins, j'ai mis de côté mes peurs et suis allé de l'avant avec la fondation de mon église à partir de rien. Aujourd'hui, cette église a grandi et est devenue une bénédiction pour beaucoup.

2. La crainte du ministère à plein temps

Entrer dans un ministère à temps plein était une autre crainte pour moi. « Comment puis-je survivre ? Comment puis-je vivre ? Comment mes enfants seraient-ils en mesure d'aller à l'école ? Et si ça ne fonctionnait pas ? Est-ce que j'allais devenir un fou après avoir laissé la médecine pour rentrer dans un ministère à plein temps ? Comment me sentirai-je si les gens se moquaient de moi à cause de ma pauvreté et de ma vie misérable ? »

Ce sont des peurs réelles qui ont failli m'empêcher d'utiliser mes talents. Mais, je les ai mises de côté et j'ai continué. J'ai appris que la peur est une force redoutable qui peut vous empêcher de vous acquitter de l'appel de Dieu.

3. La peur de prier pour les malades dans mon église

Lorsque j'ai senti que le Seigneur m'a conduit à prier pour les malades, j'ai été, une fois de plus, en proie à de nombreuses craintes. Vous voyez, la peur est un esprit qui vous empêche d'utiliser vos talents, dons et vocations. Je n'avais jamais connu la peur et la tension que j'ai connue lorsque je me suis lancé dans la prière pour les malades et la réception des témoignages. Je craignais que personne ne soit guéri et que je sois gêné au-delà de l'imagination. D'une certaine manière, j'ai surmonté ces craintes, allé de l'avant et ai commencé à faire des miracles où j'ai hardiment demandé aux gens de témoigner de leur guérison. Ce fut le début des miracles et mon plus grand obstacle à ce ministère a été la peur.

4. La peur de prier pour les malades en dehors de mon église

Je n'oublierai jamais la première fois que j'ai prié pour les malades en dehors de mon église. J'étais affreusement terrifié. J'ai prié et jeûné toute la journée jusqu'à ce moment là dans la soirée. Tout au long de mon sermon, je ne pensais qu'à une chose : « prieras-tu ou ne prieras-tu pas pour les malades après la prédication ?

« Laisses les malades, » le diable m'a dit : « Cela ne fonctionnera pas et tu seras humilié ».

Satan a persisté, « Prier pour les malades dans cette église ne produira aucun résultat parce que vous ne les avez pas hypnotisé comme vous l'avez fait dans votre église ».

Il a poursuivi : « Ces gens ne vont pas accepter les changements psychologiques comme des guérisons. »

Ce fut l'une des plus grands combats spirituels de ma vie, celui de surmonter mes peurs. En effet, prier simplement pour les malades et demander des témoignages dans l'église de quelqu'un d'autre était devenu un grand combat. D'une certaine manière, j'ai réussi à surmonter ces peurs et des témoignages poignants ont été rendus cette nuit là. Personne n'était aussi heureux que moi pour avoir obtenu bien au delà de l'épreuve, cette nuit de service.

5. La peur de prier pour les malades dans un autre pays

Pourtant, un autre défi m'attendait. Un jour, j'ai reçu une invitation à venir prêcher en Afrique du Sud. J'avais réussi à prier pour les malades et reçu des témoignages dans mon église et en dehors de mon église, mais je ne l'avais jamais fait en dehors du Ghana.

Le diable m'a dit : « Ne tentez pas un seul de ces services de guérison psychologique en Afrique du Sud. Cela ne fonctionnera pas en dehors du Ghana. Les Ghanéens sont inconstants et croiront en vos soi-disant ministères de guérison. Ce n'est pas nécessaire de vous déployer sur la scène internationale ».

Encore depuis, j'ai eu du mal à surmonter mes craintes de prier pour les malades. Et pourtant, prier pour les malades est devenu l'une des choses les plus importantes que j'ai faite durant ce voyage.

J'ai surmonté mes peurs et utilisé le talent que Dieu m'avait donné. En surmontant ces craintes, je suis entré dans un domaine beaucoup plus élevé du ministère.

6. La crainte de publier des livres

Un jour, le Seigneur m'a demandé d'écrire un livre.

Je me suis demandé, « Qui lirait mes livres ? »

Je me souviens de la difficulté d'écrire les premiers manuscrits et du temps mis à parfaire le texte afin qu'il soit facile à lire. Finalement, lorsque les livres ont été publiés, ils avaient l'air si minces et enfantins que j'avais honte d'eux. Je pensais que personne ne lirait ce que j'avais écrit. En effet, je suis surpris par la façon dont le Seigneur s'est servi de mes livres.

Il est très important de surmonter vos peurs, car elles vous empêchent d'utiliser vos talents ou d'obéir à l'appel de Dieu.

7. La crainte d'avoir des campagnes d évangélisation

Il y a quelques années, j'ai senti que le Seigneur m'appelait à tenir des campagnes d'évangélisation. Mais j'ai été en proie à la peur que personne ne vienne à la croisade et je sois couvert de honte.

« Qui a fait de vous un évangéliste ? Qui pensez-vous que vous êtes ? Personne ne vous connaît ! Vous n'êtes pas connu comme un évangéliste au don de guérison !

Vous êtes juste un enseignant et un administrateur de l'Église !

Pourquoi voulez-vous être disgracié à ce stade de votre ministère ? »

Ce ne sont que quelques-unes des pensées démoniaques et craintives qui ont surgies dans mon esprit. Je me souviens, comme si c'était hier, le premier jour je me tenais sur une plate-forme pour prêcher à une croisade. J'ai souri à moi-même sur scène pendant que je regardais la foule rassemblée dans la grande tente de l'évangile.

« Ça se passe ! Les campagnes d'évangélisation ont commencé en dépit de toutes les tentatives visant à les empêcher de se tenir. »

Ne laissez pas la crainte vous empêcher d'obéir à l'appel. La peur est un mauvais esprit. Ne suivez pas un mauvais esprit, suivez le Saint-Esprit.

Deuxième raison : le fait de cacher vos dons

Et j'ai eu peur, et JE SUIS ALLE CACHER ton talent dans la terre...

Matthieu 25:25

La peur vous fait cacher vos dons. Beaucoup de gens cachent ce qu'ils sont et ce qu'ils peuvent faire. Leur potentiel demeure alors inconnu car il est bien caché. Avez-vous caché vos talents et vos dons ? Peut-être la peur de la critique vous a fait cacher vos dons de chant, d'enseignement, ou même de générosité.

Troisième raison : la recherche des défauts chez autrui

Puis celui qui n'avait reçu qu'un talent s'approcha et dit : Seigneur, je savais que TU ES UN HOMME DUR, QUI MOISSONNES OÙ TU N'AS PAS SEMÉ, et qui amasses où tu n'as pas vanné ;

Matthieu 25:24

L'homme avec un talent n'a rien fait parce qu'il a trouvé les défauts du maître qui l'a envoyé. Il le décrit comme un *homme dur* qui a bénéficié de choses qu'il *n'a pas mérité*.

La recherche des défauts est une caractéristique commune des personnes inutiles et inactives ! Au lieu de s'impliquer dans l'œuvre de Dieu, elles sont assises en arrière et jugent d'autres qui se battent dur pour l'œuvre de Dieu. Il n'est pas difficile de trouver les défauts de quelqu'un ou de quelque chose si vous êtes à leur recherche. Et ce que vous trouverez chez les personnes qui cherchent à servir le Seigneur ? Des défauts ! Des défauts ! Rien que des défauts !

Mais les défauts que vous trouverez ne deviendront qu'une raison qui vous empêchera de développer vos propres capacités. Pourquoi vous donner tant de mal à dénicher des défauts dans les serviteurs de Dieu ? Dieu n'a pas choisi les anges pour travailler pour Lui. Il a choisi des hommes et des femmes en proie aux imperfections, et issus de diverses origines, pour accomplir sone œuvre. Vous trouverez toujours quelque chose qui cloche quand vous regarderez de près les serviteurs de Dieu.

Les gens perdent même la chance d'être sauvés parce qu'ils trouvent des défauts à des chrétiens !

Avez-vous déjà entendu quelqu'un dire : « Je ne veux pas être un chrétien parce que tous les chrétiens sont des hypocrites » ?

Avez-vous déjà entendu quelqu'un dire : « Ces pasteurs sont en quête d'argent » ?

Les gens manquent la grâce et le don de Dieu parce qu'ils trouvent des défauts aux pasteurs. Eloignez-vous de la recherche des défauts et vous deviendrez fructueux.

Cessez de vous concentrer sur les défauts des autres et concentrez-vous sur ce que vous pouvez faire pour Dieu. Pouvez-vous imaginer si quelqu'un a décidé de mettre l'accent sur vos insuffisances et vos lacunes ? Vous n'auriez pas une chance ! Cette histoire nous enseigne que ceux qui se focalisent sur les défauts des leaders n'ont rien fait, mais ceux qui se sont focalisé sur leur la tâche sont devenus fructueux.

Quatrième raison : le mépris des types de don que vous avez

Puis, celui qui avait reçu un seul talent s'est approché et a dit : Seigneur, je savais que tu es un homme exigeant, qui moissonnes où tu n'as pas semé, et qui amasses où tu n'as pas vanné :

Matthieu 25:24

Le monsieur qui a reçu un talent n'a pas utilisé son talent. Il a supposé que ce talent ne produirait pas beaucoup. En d'autres termes, il méprisait ce qui lui avait été donné. Beaucoup de gens pensent qu'ils ne sont pas en mesure de prêcher aussi bien que certains prophètes célèbres de ce monde. Peut-être que vous saviez que vous ne pourriez jamais avoir une église très grande. Peut-être, vous sentiez que vous veniez juste de recevoir quelques dons *fades et informes*. Vous vous plaignez parce qu'il n'y a rien de remarquable concernant votre don. Pour cette raison, vous l'endormez.

Il y a des années, j'ai écouté un prophète décrire son expérience du salut. Il a raconté comment il s'est brûlé les doigts sous les ordres d'esprits malins. Il a levé les doigts et nous a montré comment ils ont été coupés. Puis il s'est lancé dans diverses histoires passionnantes de sa vie mondaine passée. Ce prédicateur a demandé instamment à la foule de venir au Christ avec son témoignage motivant et passionnant. Je ne peux pas m'empêcher de penser à la façon dont je pensais ne jamais être en mesure d'évangéliser les gens comme lui. Je n'avais tout simplement pas toutes ces histoires fantastiques à raconter. Je savais que j'avais reçu un *don plus ordinaire*. J'étais comme le bonhomme avec un talent. C'était à moi de mépriser mon don ordinaire ou l'utiliser comme il était. Et je l'ai utilisé ! Ne méprise pas ton seul talent. Il est suffisant pour faire un bon travail.

Cinquième raison : le mépris de la petitesse de votre don

Et j'ai eu peur, et suis allé CACHER LE TALENT DANS LA TERRE : Maintenant, tu as ce qui t'appartient.

Matthieu 25:25

Peut-être, l'homme qui a reçu un talent a pensé qu'il était trop petit pour faire des profits importants. Il a estimé qu'il valait mieux ne rien faire que de gaspiller son temps à travailler avec un seul talent. Mépriser votre appel en raison de sa *petitesse* apparente est l'une des erreurs spirituelles les plus dangereuses que vous puissiez commettre.

Dans notre monde, tout ce qui est petit est méprisé. Une petite maison, une petite voiture, une petite ville, un petit homme, une femme de petite taille sont tous mentalement stéréotypés comme étant insignifiants. Ce n'est pas le cas dans le Royaume de Dieu. Jésus nous a enseigné le respect à l'égard des petites choses. Il nous a appris que le royaume de Dieu est comme une petite graine de moutarde qui se développera pour devenir une force puissante et significative malgré sa petite taille du début.

Il ya vingt ans, si j'avais méprisé l'apport des fidèles du début que j'appelais une église, je n'aurais pas eu de ministère aujourd'hui. Je n'ai pas méprisé la petitesse de mon ministère au début. Dieu m'a montré que les petites choses dans le Royaume sont vraiment importantes.

Sixième raison : la surestimation de vos capacités

Et il donna cinq talents, à un autre, deux, et à un autre , un ; À CHACUN SELON SES NOMBREUSES APTI-TUDES, et aussitôt pris son voyage.

Matthieu 25:15

Parfois, les gens pourraient se considérer comme étant au-dessus de certaines tâches. Ils se sentent humiliées quand on leur demande de faire certains travaux.

Peut-être que vous pensez que votre don est trop petit et que vous méritez plus dans la maison du Seigneur. N'oubliez pas le fait que Jésus a donné des talents en fonction des aptitudes. Vous ne pouvez pas tout faire et vous n'êtes pas qualifiés ou même en mesure de faire certaines choses. Vous devez être content de ce que Dieu vous a permis de faire parce qu'il vous a fait des dons en fonction de vos capacités.

Septième raison : la paresse

Son Seigneur lui répondit et lui dit : serviteur méchant et paresseux, tu savais que je moissonne où je n'ai pas semé, et que j'amasse où je n'ai pas vanné ;

Matthieu 25:26

Le ministère consiste à travailler dur. Vous ne pouvez pas faire grand chose pour Dieu, si vous êtes paresseux. J'ai remarqué que ce ne sont que les gens qui travaillent dur, qui accomplissent beaucoup de choses dans le ministère. L'une des causes les plus fréquentes de l'infertilité est évidement la paresse !

Huitième raison : ne pas vouloir être trompé

Son maître lui répondit : Serviteur méchant et paresseux, tu savais que je moissonne où je n'ai pas semé, et que j'amasse où je n'ai pas vanné ;

Matthieu 25:26

Ayez en vous les sentiments qui étaient en Jésus-Christ, lequel, existant en forme de Dieu, n'a point regardé comme une proie à arracher d'être égal avec Dieu mais s'est dépouillé lui-même, en prenant une forme de serviteur, en devenant semblable aux hommes; et ayant paru comme un simple homme.

Philippiens 2:5-7

Ne pas vouloir être « trompé » est une autre raison importante pour laquelle les gens ne font rien pour Dieu. La pensée suivante : « je suis entrain d'être trompé », est une pensée qui paralyse la personne moyenne dans l'inaction. De nombreux pays en développement ne se rendent pas compte que c'est la raison pour laquelle ils sont incapables de se développer. La notion que les gens riches, ou même les pays riches, sont entrain de les tromper les empêche de signer certains accords qui seraient bénéfiques pour l'ensemble du pays.

Juste la pensée selon laquelle quelqu'un vous trompe, vous pousse à vous retirer et vous retenir. Personne n'aime être trompé, c'est la raison pour laquelle cette une stratégie est efficace si vous souhaitez que les gens se sentent inactifs. Beaucoup de gens ne travaillent pas dans leurs églises parce qu'ils sentent que le pasteur les trompe. Comme conséquence de cet état de fait, de nombreux talents restent cachés et inutilisés.

Il y a ceux qui disent : « Pourquoi devrais-je aller au travail et donner dix pour cent de ce que je gagne à ce pasteur paresseux ? »

Ils disent : « Pourquoi devrait-il dormir à la maison toute la semaine ct recevoir dix pour cent de mes revenus ? C'est la tricherie et je n'aurai rien de tout cela ! » Comme vous pouvez le voir, un sentiment « d'être trompés » rend les gens inactifs.

Neuvième raison : la méchanceté

Son Seigneur lui répondit et lui dit, méchant et serviteur paresseux, tu savais que je moissonne où je n'ai pas semé, et que j'amasse où je n'ai pas vanné ;

Matthieu 25:26

Un jour, un beau monsieur se rendait à son lieu de travail. Il était sur le chemin de la prestigieuse banque où il travaille comme gérant. Il était connu dans la ville comme étant un chrétien d'une bonne moralité et un homme intègre. Ce fervent chrétien commençait sa journée au bureau par une méditation de la Parole de Dieu. Il était aussi connu pour être un homme qui avait de solides valeurs familiales. Il amenait ainsi ses enfants au club de natation local toutes les semaines car il était également excellent nageur.

Un jour, sur sa route de travail, il aperçu un enfant criant à l'aide dans la rivière qui traverse sa ville. La personne dans la rivière criait, éclaboussait et s'agitait violemment comme elle essayait d'attirer l'attention des passants. Une petite foule de spectateurs s'était rassemblée sur la rive en espérant que quelqu'un qui sache nager sauverait la petite fille.

Ce monsieur était, toutefois, qui se rendait à son lieu de travail devait être à l'heure à sa réunion du conseil. Il décida d'ignorer les cris d'aide et continua son chemin. Il est arrivé à son bureau juste à temps pour sa dévotion matinale avec son personnel.

Plus tard ce jour-là, le corps de la petite fille qui criait à l'aide dans la rivière fut retiré de la rivière et emmené à la morgue. Ce gentil Chrétien continua sa vie et devint de plus en plus reconnu comme un parfait exemple du bon caractère chrétien.

On pourrait décrire cet homme comme « mauvais » parce qu'il n'a voulu sauver cet enfant, même alors qu'il aurait bien pu le faire. Mais pourquoi l'appelez-vous un méchant homme ? A t-il fait du mal à quelqu'un ? La réponse est « Non ! » A t-il tué quelqu'un? La réponse est « Non ! » A t-il fait du mal à une personne ? La réponse est « Non ! » Alors, pourquoi l'appelez-vous un méchant homme ? PARCE QU'IL N'A RIEN FAIT !

Vous voyez, cher ami, ne rien faire peut être mal ! C'est pourquoi Jésus a appelé l'homme qui n'a rien fait de son talent un serviteur « méchant et non rentable ». Les mots « méchant serviteur » ont un sens profond, plus profond et nous devons méditer dessus. Si vous ne faites rien du talent que Dieu vous a donné, cela peut conduire à la perte de nombreuses âmes. Et c'est la méchanceté ! Évitez d'être appelé un méchant serviteur en mettant à profit vos talents, vos dons et votre vocation.

Dixième raison : être spirituellement non rentables, sans valeur et inutiles

Otez-lui donc le talent, et donnez-le à celui qui a les dix talents. Car on donnera à celui qui a, et il sera dans l'abondance, mais à celui qui n'a pas on ôtera même ce qu'il a. Et le serviteur inutile, jetez-le dans les ténèbres du dehors, où il y aura des pleurs et des grincements de dents.

Matthieu 25:28-30

À la fin de cette parabole, Jésus a déclaré le serviteur comme étant non rentable, sans valeur et inutile. Parfois, nous faisons l'erreur d'acquérir quelque chose qui est inutile. Une fois, j'ai reçu une paire de chaussures qui était trop serrée. Quand je suis rentré et j'ai essayé, j'ai réalisé que je ne pouvais pas les porter. Je ne pouvais pas aussi les retourner parce que je n'étais plus dans le pays où je les ai eues. Cette belle paire de chaussures, bien que coûteuse, est devenue absolument inutile et sans valeur pour moi.

Dieu a t-il commis une erreur en sauvant quelqu'un comme vous ? Après, vous avoir été dans son sang précieux et vous avoir été transformé en une créature nouvelle, Vous vous distinguez encore comme serviteur inutile ?

Êtes-vous inutiles et sans valeur pour Dieu ?

Êtes-vous d'une quelconque utilité quand il s'agit de sauver des gens et accomplir l'œuvre de Dieu ? S'il vous plaît ne devenez pas l'un de ces chrétiens non rentables et sans valeur qu'on retrouve dans l'Église.

Chapitre 16

Les différentes périodes de votre vie spirituelle

...Un temps pour arracher ce qui est planté...

Ecclésiaste 3:2

...Le temps de guérir...

Ecclésiaste 3:3

...Un temps pour rassembler des pierres...

Ecclésiaste 3:5

Un temps pour recevoir...

Ecclésiaste 3:6

...Un temps pour la guerre...

Ecclésiastes 3:8

Il n'y a pas de temps dans l'esprit du monde. Le temps est une réalité qui renvoie à ce monde actuellement terrestre. Un temps viendra où ce concept de temps comme nous le savons n'existera plus. « Et l'ange que j'ai vu debout sur la mer et sur la terre, a levé sa main vers le ciel, et a juré par celui qui vit pour les siècles des siècles, qui a créé le ciel et les choses qui y sont, et la terre, et les choses qui y sont, et la mer, et les choses qui y sont, *qu'il ne devrait plus avoir assez de temps* » (Apocalypse 10:5-6). Vous remarquerez, que vous vieillissez, que vous ne vous sentez pas mentalement ou psychologiquement aussi âgé. En fait, vous avez tendance à percevoir les choses comme à votre jeune âge. Ce ne sont que certains signes de votre corps qui révèlent que le temps passe.

Vous devez comprendre les implications de l'heure terrestre en ce qui concerne votre vie. Ceci est particulièrement important si vous souhaitez travailler pour Dieu.

Dieu nous a donné cette fois sur la terre comme un don de la grâce de prouver notre amour pour Lui. Notre temps sur terre est aussi un test que nous devons franchir pour obtenir plus gloires pour l'éternité. Nous regarderons toujours en arrière le moment où nous avons été mis au monde et où la possibilité nous est donnée de faire quelque chose pour lui.

N'oubliez pas que le retour en arrière est impossible. N'oubliez pas que nous ne pouvons pas « recréé la terre ». Ça y est. Le monde passe une fois pour toute et vous devez bien faire les choses une fois pour toute. Malheureusement, bon nombre de gens comprennent la vie lorsque tout est fini. Mais la sagesse pour être utile, doit être appliquée dans la jeunesse. La sagesse est destinée à vous aider à vivre une vie meilleure. Sagesse ne vous aidera pas beaucoup à la fin de votre vie. Le but de la sagesse n'est pas vous faire regarder en arrière et regretter votre vie passée. Le but de la sagesse est de vous permettre d'envisager avoir une vie meilleure dans l'avenir. C'est pourquoi la sagesse doit être appliquée dans votre jeunesse. Dans ce chapitre, je tiens à partager quelques petites choses sur le temps en ce qui concerne votre période sur la terre.

« Et si vous invoquez le Père, qui, sans le respect des personnes qui juge en fonction du travail de chaque homme, passer le temps de votre pèlerinage ici dans la crainte » (1 Pierre 1:17).

Vous êtes les bienvenus sur cette terre ! Pour votre information, il s'agit d'un monde où le temps est à la fois pertinent et important. Une des choses que vous découvrirez est le fait que chaque chose a son temps. Un temps pour naitre, et c'est à ce moment que vous êtes né. Un temps pour mourir, et c'est ainsi que vous mourrez.

Il viendra sur toi des jours où tes ennemis t'environneront de tranchées, t'enfermeront, et te serreront de toutes parts ;
Ils te détruiront, toi et tes enfants au milieu de toi, et ils ne laisseront pas en toi pierre sur pierre, parce que tu n'as pas connu le temps où tu as été visitée.

Luc 19:43-44

Notez les dix moments choisis qui affecteront votre travail pour Dieu.

1. Le moment de votre naissance

Un temps pour naître, et un temps pour mourir ;

Ecclésiaste 3:2

Est-ce quelque chose de trop difficile pour le Seigneur ? AU TEMPS FIXÉ je reviendrai vers toi, en fonction du temps de la vie, et Sara aura un fils. Y a-t-il rien qui soit étonnant de la part de l'Eternel ? Au temps fixé je reviendrai vers toi, à cette même époque ; et Sara aura un fils.

Genèse 18:14

Ce qui compte pour le moment, c'est que votre vie est lié à la vie d'autres personnes qui vivent à la même époque que vous. Parfois, les naissances de personnes sont retardées afin de veiller à ce que certaines personnes vivent sur la terre en même temps.

Un bon exemple de personnes qui ont dû vivre sur la terre à la même époque était Jésus-Christ et Jean le Baptiste. En fait, la naissance de Jean le Baptiste a été retardée afin de s'assurer qu'il vive au moment où il pourrait croiser le chemin du Seigneur. Ceci est visible au travers de la stérilité d'Elisabeth qui a été divinement retenu de donner naissance à Jean-Baptiste jusqu'à ce qu'elle accède à un âge avancé. À partir d'aujourd'hui, regardez avec soin les personnes dont la naissance et l'âge ont été divinement chronométré avec le vôtre afin de vous permettre de les rencontrer. Ne prenez pas ces choses pour acquis, car une personne spirituelle croit en la puissance de Dieu plutôt qu'au hasard.

Parfois, même un écart de seulement dix ans peut faire la différence pour ce qui est de l'importance d'une personne pour vous, dans votre vie et dans votre ministère. Je crois que beaucoup de gens qui sont avec moi aujourd'hui sont nés et guidés par Dieu afin que notre vie coïncide et que la volonté de Dieu s'accomplisse. Je ne prends pas n'importe qui pour acquis parce que les gens différents jouent des rôles différents qui changent à des moments différents de la vie.

...Un temps pour naître, et un temps pour mourir...

Ecclésiaste 3:2

2. Le moment de votre décès

Car je suis maintenant prêt à être offert, et le moment de mon départ est à portée de main.

2 Timothée 4:6

Le moment de votre décès est un autre rendez-vous qui est divinement établi. L'importance de ce moment, c'est qu'il révèle combien d'années ont été prédéterminés pour votre séjour sur la terre. Tout le monde a une durée prédéterminée qui lui est accordé dès son arrivée sur la terre (Job 14:5). Il est étonnant que ces concepts soient difficiles à comprendre pour les chrétiens bien que cela fasse partie de nos vies.

Lorsque vous entrez dans un pays, on vous y accorde une période déterminée pour y résider. Parfois un séjour de un an ou de six mois vous est accordé. Si plus de grâce vous a été accordée, vous pouvez même recevoir un visa de cinq ans. De même, vous recevez une forte grâce, vous vivrez longtemps. Parfois il existe des raisons qui expliquent les courts séjours et une courte vie.

Parfois, il est difficile de comprendre pourquoi certaines personnes vivent longtemps et d'autres beaucoup moins longtemps. Il est également difficile de comprendre pourquoi certaines personnes détiennent des visas de longue durée et les autres des visas de très courtes durées.

Ce « séjour long ou court » est ce qui détermine combien de temps vous avez et ce que vous pouvez faire.

C'est parce que des temps différents sont attribués à chacun d'entre nous que le concept de *mon temps* et de *votre temps* entre en jeu. *Le temps de Jésus* est différent de celui des apôtres. « Alors Jésus leur dit : MON TEMPS n'est pas encore venu, mais VOTRE TEMPS est toujours prêt. Le monde ne peut vous haïr, mais il me hait, parce que je dois lui témoigner que ses œuvres sont mauvaises. Allez, rendez-vous à cette fête : Je ne m'y rends pas pour l'instant, parce que MON TEMPS n'est pas encore arrivé » (Jean 7:6-8).

Cette révélation est très importante car elle montre la façon dont nous devons tous, individuellement, travailler pour Dieu, indépendamment de ce que l'autre personne fait. Cette personne peut avoir soixante-dix ans à vivre alors que vous pourriez n'avoir que trente-neuf ans. Vous pouvez avoir trente neuf ans et pensé qu'il vous reste trente un ans de travail alors qu'il ne vous reste que quelques mois à vivre dans le Seigneur. Votre ami à côté, qui est tout aussi rétrograde peut effectivement se voir octroyer plusieurs années pour se rattraper et bien servir dans le ministère, car son temps est différent de votre temps.

Jésus-Christ savait que son temps était différent du temps des apôtres. Il savait qu'ils n'avaient plus autant de temps que ces derniers ; alors il leur dit : « Votre temps est toujours prêt. » Devenez conscient du temps qui vous est imparti. Il est possible sentir sa fin. Paul sentait que l'heure de sa mort était proche et il dit : « Car je suis maintenant prêt à être offert, et le l'heure de mon départ est proche » (2 Timothée 4:6).

3. Le temps de votre salut

Car il dit : Je t'ai entendu l'instant favorable, et le jour du salut je t'ai secouru : Voilà, L'HEURE EST VENUE DE M'ACCEPTER ; VOICI MAINTENANT LE JOUR DU SALUT.

2 Corinthiens 6:2

La verset ci-dessus ne peut pas être plus claire. Il y a un temps pour être sauvé. Il y a un jour du salut. Il y a une heure et un moment où Dieu vous a réservé une occasion de salut.

Dieu a ignoré les péchés du peuple, car le temps de la repentance et du salut n'était pas arrivée. « Et le temps de l'ignorance venu, Dieu cligna l'œil, et ordonna à tous les hommes de se repentir maintenant. Car il a fixé un jour, au cours duquel il jugera le monde avec justice, par cet homme qu'il a ordonné ; bien qu'il ait donné l'assurance à tous les hommes, qu'il les ressuscitera d'entre les morts » (Actes 17:30-31).

Toutefois, lorsque le temps est arrivé pour le salut, Dieu a exigé et attendu que les hommes à se repente et se détourne de leurs péchés. Le défaut de repentance pendant l'ignorance ne n'entraine pas de jugement.

Dieu leur fit tout simplement un appel. Mais le refus de la repentance le jour du salut se traduira par un jugement sévère de Dieu. Le temps de votre salut, c'est le temps imparti pour que vous soyez sauvé. Vous noterez qu'il est plus difficile d'être sauvé, lorsque vous vieillissez. Pour bon nombre de gens a qui Dieu a attribué un temps de salut dans leur jeunesse, lorsqu'il passe, il devient presque impossible d'être sauvé.

Nous devons reconnaître que Dieu a établi un timing pour divers événements importants de notre vie. Pourquoi est-il difficile pour nous de comprendre qu'il ya un temps alloué par chaque école pour organiser des conférences, des examens, les activités sportives, des vacances et d'autres activités ? Tout le monde, y compris les parents, doivent s'adapter à ces horaires. Lorsque le temps des examens est passé, vous ne pouvez plus revenir en arrière et les repasser.

En admettant qu'il y a un temps pour le salut et les responsables de ministères pourront être guidés et ainsi se focaliser sur des jeunes personnes qui vivent leur *moment* de repentance.

4. L'instant de votre maturité

> **Vous, en effet, qui DEPUIS LONGTEMPS DEVRIEZ ÊTRE DES MAITRES, vous avez encore besoin qu'on vous enseigne les premiers rudiments des oracles de Dieu, vous en êtes venus à avoir besoin de lait et non d'une nourriture solide.**
>
> **Hébreux 5:12**

Chaque bébé qui naît dans ce monde est doit atteindre la maturité après voir passé différents stades et vécu diverses situations particulières. Les variations de ces moments établis causent beaucoup de tracas pour les parents et les médecins.

- À quatre semaines, vous êtes censé reconnaître la voix de votre mère.

- À six semaines, vous êtes censé sourire à votre mère.

- À quatre mois, vous êtes censé être en mesure de rouler.

- À six mois, vous devriez être en mesure de vous asseoir par vous-même avec une petite assistance.

- À sept mois, vous devez ramper.

- À neuf mois, vous devriez être capable de vous tenir debout avec l'appui.

- À douze mois, vous devez être en mesure de marcher.

De même, Dieu à certaines heures attend certaines choses de chaque chrétien. Les choses ne se produisent pas au hasard. Il existe un plan et il y a un temps pour tout. Après votre salut, il y a un temps fixé pour votre maturation. Au moment de votre maturité, on s'attend à ce que vous manifestiez de l'intérêt pour le lait et les produits lactés et la viande. Cela signifie tout simplement que vous développez un intérêt accru pour des aspects plus profonds de la Parole de Dieu. Une partie de ce processus de maturation est votre aptitude à devenir récepteur, de devenir quelqu'un qui enseigne la Parole de Dieu. Ainsi, Commencé à enseigner la Parole de Dieu à partir de votre cœur est l'un des plus grands signes de votre maturité.

Malheureusement, bon nombre de chrétiens dans les églises restent incapables, pendant des années, de mener une simple étude de la Bible. C'est une triste réalité. Lorsque les chrétiens ratent le temps de leur maturation, il devient difficile que cette période survienne plus tard. Ils développent souvent des caractéristiques d'imbéciles spirituelles qui font de grandes phrases. Ils manifestent souvent leur ignorance par des discours creux. Un imbécile est quelqu'un qui « a un âge mental de trois à sept ans. » Vous pouvez imaginer ce que cela représente quand une femme qui a été à l'église pour vingt-cinq ans parle de problèmes avec la maturité spirituelle d'un enfant de trois ans.

Lorsque des gens sont des anciens d'Églises depuis de nombreuses années et demeurent immatures, ils doivent savoir qu'ils se font illusion à eux-mêmes se représentant pour ce qu'ils ne sont pas. Ils assimilent leur âge naturel à leur âge spirituel et vous pouvez ensuite imaginer la confusion que cela engendre dans l'église.

5. Le temps de votre onction

La pluie tombe t-elle tout le temps ? Certainement pas. Il y a un temps pour la pluie, de même qu'il y a un temps pour le Saint-Esprit d'entrer dans votre vie.

Tout comme il y a un temps pour vous de recevoir le salut, Dieu a également prévu un temps pour vous de recevoir l'Esprit Saint et d'être oint. L'Esprit Saint ne tombe pas par hasard sur des personnes, indépendamment de l'époque. Notez que dans l'Ecriture ci-dessous que les disciples ont été invités à attendre la promesse de l'Esprit Saint. Le Saint-Esprit descendit sur eux à un moment donné et ils ont dû attendre.

À qui aussi il se montra vivant après sa passion en donnant plusieurs preuves, se faisant voir à eux pendant quarante jours, et parlant des choses qui appartiennent au royaume de Dieu :

Et, étant assemblés avec eux, leur avait ordonné de ne pas s'éloigner de Jérusalem, mais d'attendre la promesse du Père, laquelle, dit-il, vous avez entendu parler de moi.

Actes 1:3-4

Le don de l'Esprit Saint est la chose la plus précieuse que vous ne pourriez jamais avoir de Dieu. Dieu veut vous bénir, mais si vous n'êtes pas prêt à attendre, vous ne le recevrez pas. Si vous n'êtes pas prêt le moment venu vous allez manquer l'effusion de l'Esprit Saint.

Repentez-vous donc et convertissez vous, pour que vos péchés soient effacés, AFIN QUE DES TEMPS DE RAFRAICHISSEMENT VIENNENT de la présence du Seigneur ;

Actes 3:19

6. Le temps de la fécondité

Et voyant de loin un figuier qui avait des feuilles, il est venu, si par hasard il y trouverait quelque chose : et quand il est venu, il n'y trouva que des feuilles, car la saison des figues n'était pas encore arrivée. Et Jésus répondit et dit à elle, personne ne mange de ton fruit pour toujours. Et ses disciples l'ont entendue.

Marc 11:13-14

Et le matin, comme ils passaient, ils virent le figuier séché jusqu'aux racines. Et Pierre dit : appel à sa mémoire, Maître, voilà le figuier que tu as maudit est disparu.

Marc 11:20-21

L'histoire de la malédiction du figuier Jésus n'est pas facile à comprendre pour bon nombre de chrétiens. Pourquoi Jésus lance une malédiction à un arbre qui ne lui a pas donné de fruits à manger ? Une autre question est, pourquoi Jésus a-t-il maudit l'arbre en sachant que ce n'était pas la saison des figues ? La réponse à ces questions est simple : Il y a un temps où Dieu attend de vous des fruits. Si vous n'avez pas les fruits lorsqu'il le souhaite vous risquez recevoir une malédiction mortelle. « Lorsqu'une terre est abreuvée par la pluie qui tombe souvent sur elle, et qu'elle produit une herbe utile à ceux pour qui elle est cultivée, elle participe à la bénédiction de Dieu ; mais, si elle produit des épines et des chardons, elle est réprouvée et près d'être maudite, et on finit par y mettre le feu » (Hébreux 6:7-8).

Quand Dieu exige de fruits de vous, vous feriez mieux de produire ces fruits sinon vous pourriez faire l'objet d'une malédiction. Il ne s'agit pas d'en porté lorsque vous en voulez. Il ne s'agit pas de savoir si c'est une saison convenable pour les figues ou non. Il ne s'agit pas de savoir quand vous êtes prêt à travailler pour Dieu. Il ne s'agit pas de savoir quand il est commode pour vous d'entrer dans un ministère à plein temps. La question à se poser est celle de savoir : « Quand est- ce que Dieu veut le fruit » ?

Si Dieu attends les fruits de vous lorsque vous avez vingt-cinq ans, vous ne pouvez pas les programmer à quarante ans et lui dire d'attendre jusqu'à ce que vous ayez soixante cinq ans. Avez-vous déjà entendu parler d'un président qui offre un emploi à quelqu'un et celui-ci décline l'offre prétendant en profiter dans dix ans ? En règle générale, non. Bon nombre de personnes sautent sur chaque occasion qui vient du président. Combien de fois lorsque c'est Dieu Tout-puissant, Lui-même qui vous tend la main pour vous donner un emploi dans sa vigne. Qui êtes-vous pour décliner cette invitation ? Ne soyez pas surpris si vous héritez d'une malédiction dans votre vie parce que vous ne portent pas de fruits pour le Seigneur au moment où Il en attend.

Je suis devenu pasteur lorsque j'étais un étudiant en médecine. Tous les fruits que je produis et toutes les âmes gagnées auraient été perdu si j'avais dit au Seigneur que ce n'était pas la saison des figues en Lui demandant de venir à une autre saison de ma vie.

7. Le temps de votre visite spirituelle particulière

Abraham eut des visites très spéciales de la part des anges. Il était si béni ! Je l'envie parce que je n'ai pas reçu de telles visites dans ma vie. Mais même pour Abraham, il y eut une heure à laquelle cette visite devait se produire. En effet, les événements spirituels se produisent selon un calendrier spécial afin que vous accomplissiez des choses particulières à un moment donné.

> **Y a-t-il rien qui soit difficile pour l'Éternel ? AU TEMPS FIXE je reviendrai vers toi, à cette même époque ; et Sara aura un fils.**
>
> **Genèse 18:14**

Il y a des ministres qui ont tout fait comme il le fallait : ils ont prié, ils ont jeûné, ils ont écouté des enregistrements et ils ont cherché le Seigneur à plusieurs reprises. Ils recherchent une visite spéciale de la part du Seigneur ou une onction spéciale pour faire les œuvres de Dieu.

Toutefois, ces grandes bénédictions ne tombent pas du ciel tous les jours. Dieu a un temps prévu pour les visites spéciales. Jésus a parlé du temps des visites lorsque Jérusalem a été visité par le Fils de Dieu lui-même.

> **Ils te détruiront, toi et tes enfants au milieu de toi, et ils ne laisseront pas en toi pierre sur pierre, parce que tu n'as pas connu LE TEMPS OU TU AS ÉTÉ VISITÉE.**
>
> **Luc 19:44**

En 1988, Dieu m'a oint dans une petite ville appelée Suhum, au Ghana. J'avais été chrétien pendant de nombreuses années, mais tout à coup, et sans annonce, j'ai reçu une onction spéciale pour enseigner la Parole du Seigneur. Ce fut une visite spéciale.

Depuis lors, j'ai cherché d'autres visites du Seigneur, y compris une visite du Seigneur Jésus en personne. J'ai soupiré et prié pour que des anges m'apparaissent ainsi que pour avoir des visions merveilleuses du ciel.

Malheureusement, au moment où j'écris ce livre, je n'ai pas encore reçu de visites. Si c'est la volonté du Seigneur de m'accorder ces visites spéciales, je sais qu'il y aura à un moment particulier au cours duquel elles me seront accordées.

C'est pourquoi il y a des moments où vous avez des rêves et des visions, tandis que d'autres fois, vous n'avez pas de rêves et pas visions durant un long moment. Parfois, vous entrez dans une saison ou une époque où il n'y aura pas de visites spéciales.

8. Le temps pour votre perfectionnement

> **Et un autre ange sortit du temple, criant d'une voix forte à celui qui était assis sur la nuée : LANCE TA FAUCILLE, ET MOISSONNE ; CAR L'HEURE DE MOISSONNER EST VENUE, car la moisson de la terre est mûre. Et celui qui était assis sur la nuée jeta sa faucille sur la terre. Et la terre fut moissonnée.**
>
> **Apocalypse 14:15-16**

Il y a un temps où Dieu accorde l'élargissement et la visibilité. Dans le verset ci-dessus, l'ange a déclaré dans les lieux célestes que le moment était venu de recueillir une grande moisson sur la terre. Ce n'est pas n'importe quelle récolte ordinaire, mais un moment de grande productivité et de fécondité. Si vous étudiez la vie des ministres, vous remarquerez un moment donné au cours de laquelle ils deviennent importants et extrêmement populaires.

C'est une sorte d'élargissement et une visibilité que Dieu accorde à Ses serviteurs à un moment qu'il a au préalable déterminé. Cet élargissement permet au ministre de faire une puissante récolte pour le Seigneur. Normalement, beaucoup de préparation et de souffrance sont nécessaires avant cette saison d''élargissement. Cette saison de préparation a pour but d'humilier son serviteur afin qu'il puisse porter la lourde responsabilité d'un ministère élargi et visible.

Il fut un temps où les frères de Jésus l'exhortèrent à entrer prématurément dans sa saison d'élargissement et de grande visibilité publique. Jésus savait tout sur les implications d'une telle visibilité et du ministère visible. Il a refusé parce qu'il n'était pas encore temps pour de telles choses.

Et ses frères lui dirent : Pars d'ici, et va en Judée, afin que tes disciples voient aussi les œuvres que tu fais. Personne n'agit en secret, lorsqu'il désire paraître : si tu fais ces choses, montre-toi toi-même au monde. Jésus leur dit : Mon temps n'est pas encore venu, mais votre temps est toujours prêt.

Jean 7:3-4, 6

Vous remarquerez que c'est l'espace d'une semaine pendant que Jésus accepta son grand et visible ministère public, il marcha sur Jérusalem sur un âne et des milliers d'adorateurs, Il fut sauvagement assassiné sur une croix romaine par des ministres juifs jaloux et insécurisés. Le ministère public élargi peut être comparé au moment où un serpent vient sur la place publique. Il ne faut pas attendre longtemps avant de voir les gens se décider à l'éliminer.

9. Le temps de votre épreuve

C'est pourquoi, prenez toutes les armes de Dieu, afin de pouvoir résister dans le MAUVAIS JOUR, et tenir ferme après avoir tout surmonté.

Éphésiens 6:13

Il y a aussi un temps fixé dans votre vie oùr vous devez faire l'expérience du mal et le vaincre. C'est ce qu'on appelle le mauvais jour. C'est une journée à attendre et un jour que rencontrent les chrétiens, quelque soit leurs croyances. Jours de troubles et d'épreuves qui ont aussi des saisons et des moments spéciaux où ils apparaissent. « Ceux qui sont le long du chemin, ce sont ceux qui entendent ; puis le diable vient, et enlève de leur cœur la parole, de peur qu'ils ne croient et soient sauvés. Ceux qui sont sur le roc, ce sont ceux qui, lorsqu'ils entendent la parole, la reçoivent avec joie ; mais ils n'ont point de racine, ils croient pour un temps, et ils succombent au moment de la tentation ». (Luc 8:12-13)

Une partie de vos réalisations spirituelles consistent à vaincre le mal et les tentations qui vous arriveront tandis que vous servez le Seigneur.

Ne soyez pas vaincu par le mal, mais surmonté le mal par le bien.

Romains 12:21

10. Le temps de votre jugement

Le ciel et la terre passeront, mais mes paroles ne passeront point. Pour ce qui est du jour ou de l'heure, personne ne le sait, ni les anges dans le ciel, ni le Fils, mais le Père seul. Prenez garde, veillez et priez ; car vous ne savez quand ce temps viendra.

Marc 13:31-33

Le jugement est réservé à tout le monde et nul ne sait quand il arrivera. C'est également un autre rendez-vous que nous ne pouvons éviter, peu importe nos croyances et nos opinions. Nous devons mourir et rendre compte au Seigneur pour nos misérables vies. « Et comme il est réservé aux hommes de mourir une fois, après quoi vient le jugement » (Hébreux 9:27).

Le Jour du Jugement, nous allons rendre compte de ce que nous avons fait pour le Seigneur pendant cette période où Il nous a donné la chance de travailler pour lui. « Car il nous faut tous comparaître devant le tribunal de Christ, afin que chacun reçoive selon le bien ou le mal qu'il aura fait, étant dans son corps. » (2 Corinthiens 5:10). Il ne suffit pas d'être né de nouveau. Vous devez également travailler pour Dieu parce que vous allez rendre compte de la vie que vous avez menée dans votre corps terrestre.

Ce jugement est un moment auquel nous devons nous attendre et vivre de telle manière à ce jour ne soit pas un jour de deuil et de regret. « Obéissez à vos conducteurs et ayez pour eux de la déférence, car ils veillent sur vos âmes comme devant en rendre compte ; qu'il en soit ainsi, afin qu'ils le fassent avec joie, et non en gémissant, ce qui vous ne serait d'aucun avantage. » (Hébreux 13:17).

Une autre réalité sur le jugement, est que certaines personnes commencent à payer pour leurs péchés plus tôt que d'autres. Certaines personnes commettent le péché et semblent s'en tirer. Dieu a un moment spécial réservé pour le de jugement de tous. Vous pouvez commettre des crimes avec quelqu'un dont le jour du jugement a été fixé pour un autre moment dans l'avenir, tandis que le votre est fixé pour un proche avenir. Ce sont ces différences entre les dates de jugement qui font croire que certaines personnes s'en sont tirées avec le péché alors que d'autres semblent souffrir tellement pour un petit crime. Tout cela souligne la vérité selon laquelle chacun de nous aurait un calendrier différent pour les différents événements que Dieu a prédéterminé.

Les péchés de certains hommes sont manifestes, même avant qu'on les juge, tandis que chez d'autres, ils ne se découvrent que dans la suite. De même, les bonnes œuvres sont manifestes, et celles qui ne le sont pas ne peuvent rester cachées.

1 Timothée 5:24-25

Chapitre 17

Rachetez le temps

Prenez donc garde de vous conduire avec circonspection, non comme des insensés, mais comme des sages ; RACHETEZ LE TEMPS, car les jours sont mauvais.

Ephésiens 5:15-16

Racheter le temps est faire bon usage de la petite opportunité qui vous est offerte de briller lors de votre passage sur cette terre. Votre temps est une denrée précieuse donnée comme un cadeau pour vous. Vos années sur cette terre sont une occasion bénie qui vous a été donnée pour prouver votre amour au Seigneur.

Éternel ! Dis-moi quel est le terme de ma vie, Quelle est la mesure de mes jours ; Que je sache combien je suis fragile. Voici, tu as donné à mes jours la largeur de la main, Et ma vie est comme un rien devant toi. Oui, tout homme debout n'est qu'un souffle.

Psaume 39:5-6 (Segond)

Il y a plusieurs façons de racheter le temps et de tirer le meilleur parti de vos quelques années sur cette terre. Chacune des cent et une choses énumérées ci-dessous doit être faites avec autant d'urgence que possible. Vous devez travailler ayant en l'esprit que la possibilité pour vous de faire quelque chose va bientôt vous être enlevée. Quand ce jour viendra, vous souhaiteriez, pouvoir revenir et faire toutes les cent et une choses de cette liste pour « racheter le temps ».

101 façons de racheter le temps

1. Racheter le temps revient à de tirer le meilleur parti des possibilités que Dieu vous a donné.

2. Racheter le temps signifie s'attendre à la venue du Seigneur à tout moment.

3. Racheter le temps signifie prêcher aussi souvent que vous le pouvez.

4. Racheter le temps signifie prier autant que vous le pouvez.

5. Racheter le temps signifie gagner autant de batailles que possible.

6. Racheter le temps signifie construire autant d'églises que possible.

7. Racheter le temps signifie former des étudiants de la Bible aussi qualifiés que possible.

8. Racheter le temps signifie prêcher autant de sermons que possible.

9. Racheter le temps signifie gagner le plus d'âmes possible.

10. Racheter le temps signifie assister à autant de conventions que vous le pourrez.

11. Racheter le temps signifie tenir autant de campagnes d'évangélisation que possible.

12. Racheter le temps signifie baptiser le plus de monde possible.

13. Racheter le temps signifie implanter autant d'églises que possible.

14. Racheter le temps signifie prêcher l'Evangile dans autant de pays que possible.

15. Racheter le temps signifie envoyer autant de missionnaires que possible à autant d'endroits que possible.

16. Racheter le temps signifie ordonner autant de pasteurs que possible.

17. Racheter le temps signifie écrire autant de livres que possible.

18. Racheter le temps signifie prêcher sur autant de stations de radio que possible.

19. Racheter le temps signifie prêcher sur autant de stations de télévision que possible.

20. Racheter le temps signifie former autant de bergers que possible.

21. Racheter le temps signifie avoir autant de réunions de bergers que possible.

22. Racheter le temps signifie d'avoir autant de réunions d'ouvriers de l'Église que possible.

23. Racheter le temps signifie organiser autant de missions d'évangélisation que possible.

24. Racheter le temps signifie organiser autant d'agapes fraternelles que possible.

25. Racheter le temps signifie organiser autant de programmes d'évangélisation dans les écoles que possible.

26. Racheter le temps signifie distribuer autant de livres que possible.

27. Racheter le temps signifie bénir autant de mariages que possible.

28. Racheter le temps signifie faire autant de conseils matrimoniaux que possible.

29. Racheter le temps signifie avoir autant de réunions d'hommes d'affaires chrétiens que possible.

30. Racheter le temps signifie avoir autant de réunions de nuit de prières que possible.

31. Racheter le temps signifie prêcher à autant de sessions de diffusion à l'aube que possible.

32. Racheter le temps signifie prêcher dans le plus grand nombre d'autobus possible.

33. Racheter le temps signifie distribuer autant de documents chrétiens que possible.

34. Racheter le temps signifie oindre autant de personnes que possible avec de l'huile bénite.

35. Racheter le temps signifie prier pour que beaucoup de personnes recevoir le baptême de l'Esprit Saint que possible.

36. Racheter le temps signifie recueillir autant d'offrandes pour le Seigneur que possible.

37. Racheter le temps signifie commencer le plus grand nombre de projets de construction possible.

38. Racheter le temps signifie consacrer le plus d'églises que possible.

39. Racheter le temps signifie avoir autant de réunions de prière que possible.

40. Racheter le temps signifie faire autant de vingt-et-un jours de jeûnes que possible.

41. Racheter le temps signifie faire autant de trois jours de jeûne que possible.

42. Racheter le temps signifie avoir autant de moments calmes que possible.

43. Racheter le temps signifie travailler pour le Seigneur pour autant d'heures que possible.

44. Racheter le temps signifie organiser autant de croisades que possible.

45. Racheter le temps signifie donner autant pour les pauvres que possible.

46. Pour racheter le temps signifie donner autant d'offrandes que vous le pouvez.

47. Racheter le temps signifie soutenir autant de campagnes d'évangélisation que possible.

48. Racheter le temps moyen de semer autant de graines que possible dans la vie des hommes de Dieu.

49. Racheter le temps signifie aider les pauvres et les handicapés, autant que possible.

50. Racheter le temps signifie prier pour les malades, autant que possible.

51. Racheter le temps comme moyen de s'opposer à la déloyauté dans l'église autant que possible.

52. Racheter le temps signifie faire le plus grand nombre de boulots humiliants dans l'église que possible.

53. Racheter le temps signifie encourager mon pasteur, autant que possible.

54. Racheter le temps, c'est rendre visite au plus de malades possible à l'hôpital.

55. Racheter le temps, c'est prendre soin de plus d'orphelins que possible pendant ce temps.

56. Racheter le temps, c'est chanter le plus de chanson possible en chœur.

57. Racheter le temps, c'est apprendre le plus de chansons de culte possible.

58. Racheter le temps, c'est passer le maximum de ce temps possible avec le Seigneur.

59. Racheter le temps, c'est être aussi saint que possible.

60. Racheter le temps, c'est marcher dans l'amour envers les autres autant que je le peux.

61. Racheter le temps, c'est vaincre le mal autant que je le peux.

62. Racheter le temps, c'est ne pas être offensé autant que je le peux.

63. Racheter le temps, c'est sacrifier autant que je peux pour le Seigneur.

64. Racheter le temps, c'est essayer de mettre la main sur autant de malades que possible.

65. Racheter le temps, c'est parler de Jésus à autant de personnes que possible.

66. Racheter le temps, c'est jouer le plus de rôles de leadership à l'Église que possible.

67. Racheter le temps, c'est assister à autant de petites réunions de groupe que possible.

68. Racheter le temps, c'est jouer à de nombreux instruments pour le Seigneur que possible.

69. Racheter le temps, c'est reconquérir le plus grand nombre d'hérétique que possible.

70. Racheter le temps, c'est aider à prévenir le plus possible le vol d'argent de Dieu.

71. Racheter le temps, c'est protéger les biens de l'Eglise autant que vous le pouvez.

72. Racheter le temps, c'est surmonter autant de tentations que possible.

73. Racheter le temps, c'est surmonter autant de crises dans ma vie que possible.

74. Racheter le temps, c'est vivre le plus possible en toute quiétude et heureuse avec mon conjoint.

75. Racheter le temps, c'est former mes enfants autant que je peux à servir le Seigneur.

76. Racheter le temps, c'est donner à toute ma famille la plus grande occasion de servir Dieu.

77. Racheter le temps, c'est amener le plus d'enfants possible à l'école du dimanche (Église).

78. Racheter le temps, c'est rendre autant de service que possible d'intendance pour l'église.

79. Racheter le temps ; c'est faire autant de bénévolat et d'assistance technique à la grande église que possible.

80. Racheter le temps ; c'est consacré le plus de mes compétence en informatique que possible à titre bénévole au service de l'église.

81 Racheter le temps, c'est consacré le plus de mes compétences en architecture que possible à titre bénévole au service de l'Église.

82. Racheter le temps, c'est consacré le plus de mes connaissances en génie que possible à titre bénévole pour l'Église.

83. Racheter le temps, c'est consacré le plus de mes compétences juridiques que possible à titre bénévole pour l'Église.

84. Racheter le temps, c'est faire autant de travaux pour l'Église que possible, sans rémunération.

85. Racheter le temps, c'est donner autant de vêtements aux nécessiteux que possible.

86. Racheter le temps, c'est aider autant d'aveugles, que possible.

87. Racheter le temps, c'est nourrir autant de personnes affamées que possible.

88. Racheter le temps, c'est visiter le plus grand nombre des prisons possible.

89. Racheter le temps, c'est aider autant de prisonniers que je peux.

90. Racheter le temps, c'est d'être, autant que possible, comme Christ.

91. Racheter le temps c'est être aussi irréprochable que possible.

92. Racheter le temps c'est satisfaire et combler mon ministère, autant que possible.

93. Racheter le temps, c'est être le plus obéissant à l'appel de Dieu que possible.

94. Racheter le temps, c'est contribuer autant que possible à l'épanouissement de mon ministère.

95. Racheter le temps, c'est voyager autant que je peux, pour le Seigneur.

96. Racheter le temps, c'est aider autant que je peux à la traduction de la Parole de Dieu dans d'autres langues.

97. Racheter le temps, c'est aider à l'interprétation de la Parole, autant que possible.

98. Racheter le temps, c'est défendre les hommes de Dieu, autant que possible.

99. Racheter le temps, c'est lire autant que possible la Bible avant de mourir.

100. Racheter le temps, c'est mémoriser autant de versets dans la Bible que possible.

101. Racheter le temps c'est assister au plus grand nombre des réunions de camp que possible.

Sept raisons pour lesquelles vous devez racheter le temps

1. Vous devez racheter le temps car les jours sont mauvais.

Voir alors que vous marchez avec circonspection, non comme des insensés, mais comme des sages, Honorer le temps, car les jours sont mauvais. C'est pourquoi ne soyez pas imprudent, mais comprenez ce qu'est la volonté du Seigneur.

Ephésiens 5:15-17

Parce que les jours sont mauvais, vous vous trouverez en train de vous engager dans des activités mauvaises dès que vous vous engagerez à honorer le temps. En effet, nous nous trouvons dans un environnement hostile où les températures sont en dessous de zéro. Vous serez rapidement geler à mort dans un tel environnement, si vous venez de vous asseoir. Il y a plusieurs années, notre école a été prise sur une visite au port de Tema, un des plus grands ports d'Afrique occidentale. Parmi les choses que nous avons vu ce jour-là ont été les grands magasins à froid, qui ont été utilisés pour stocker des poissons introduits par les chalutiers. Nous sommes allés dans et hors de ces vastes entrepôts à froid car il faisait partie de la tournée.

Je me vois toujours en train de penser, « Qu'en serait-il si l'un d'entre nous a été laissé là par erreur. Qu'est ce que je ferais si j'étais coincé dans un tort énorme congélateur jusqu'au lendemain ? » Il n'y a qu'une seule chose à faire dans une telle situation : continuer à sauter, marcher, jusqu'à ce que quelqu'un vienne ouvrir les portes du grand congélateur. C'est ce qui s'est passé pour les chrétiens. Nous avons été laissés dans le grand congélateur que représente ce monde et nous devons tout faire pour rester en vie. Malheureusement, certaines personnes cherchent à s'installer pour se détendre dans ce monde dangereux de congélation de l'environnement. Certes, il faut comprendre que c'est un mauvais jour dans un environnement mal. La seule chose à faire c'est racheter le temps par la hausse jusqu'à faire les seules choses qui sont sages à faire dans une telle situation. Cher ami, sois sage ! Lèves-toi, déplaces-toi, impliques-toi dans le travail du Seigneur, sinon tu périras avec le monde

2. *Vous devez honorer le temps car elle montre que vous comprenez la volonté de Dieu.*

Voir alors que vous marchez avec circonspection, non comme des insensés, mais comme des sages, honorer le temps, car les jours sont mauvais. C'est pourquoi vous ne devez pas être imprudent, mais comprendre ce qu'est la volonté du Seigneur.

Ephésiens 5:15-17

Si vous êtes enfermé dans le grand congélateur dont j'ai parlé ci-dessus, que feriez-vous ? Qu'est-ce que vous ferez pour montrer la profondeur de la compréhension que vous avez. Se déplacer signifie que vous comprenez que votre vie même est en jeu. Refuser de s'asseoir révélerait à tous que vous comprenez que vous risquez de perdre votre vie dans ces moments. Sauter partout, en dépit de la fatigue que vous ressentez, révélerait que vous comprenez le désespoir de votre situation.

Il est bien évident que bon nombre de chrétiens ne comprennent pas vraiment ce qu'est l'enjeu ou ce qui est en jeu. L'approche chaleureuse des choses à mis-cœur de la valeur éternelle révèle qu'elles n'ont aucun sens du danger. Il est clair que la plupart des chrétiens ne pense pas qu'il y a beaucoup d'enjeu.

Désireux d'être comme le poisson congelé dans le congélateur révèle la présence d'un esprit immature incapable de saisir la gravité de la situation. En effet, les chrétiens qui passent leur vie honorer le temps révèlent qu'ils sont matures et comprennent réellement pourquoi Dieu veut que nous soyons actifs, fruitiers, les chrétiens zélés et radicale.

3. *Vous devez honorer le temps parce que la nuit vient où personne ne peut travailler.*

Je dois faire les œuvres de celui qui m'a envoyé, pendant qu'il fait jour : la nuit vient, où personne ne peut travailler.

John 9:4

« La nuit vient, où personne ne peut travailler » sont les mots d'un homme qui savait que sa vie sur terre a été aussi passagère qu'un courant d'air, si éphémère dans le temps qu'il était presque méconnaissable. La nuit vient, mais certains agissent comme si elle viendra un jour lointain. Parfois, je joue au golf dans l'après-midi et je garde constamment à l'esprit que la nuit arrive. Je peux voir le soleil couchant et je sais qu'il ne me reste plus beaucoup de temps. Je me dois alors d'aller plus vite afin de rattraper le rythme parce que la nuit est arrive. La nuit de votre vie peut venir de différentes façons.

Sept manières par lesquelles la nuit peut apparaître

a. Parfois, la nuit se présentent sous la forme de la grossesse et l'accouchement dans lequel une femme très active chrétienne peut être reléguée au rôle de mère qui la maintiendra inactive spirituellement pendant pour dix à quinze ans.

b. Parfois, la nuit se présente sous la forme d'un mariage avec une personne qui se constitue en obstacle face au dynamisme chrétienne que vous aviez des années précédant votre mariage.

c. Parfois, la nuit apparait sous la forme de la vieillesse au cours de laquelle, l'énergie et la vivacité nécessaire pour l'accomplissement de l'œuvre de Dieu ne sont tout simplement plus.

d. Parfois, la nuit se présente pour cause de maladie qui vous empêche de faire ce que vous auriez aimé faire. Comme j'ai vieilli, je me suis trouvé incapable de jeûner à la façon dont j'avais l'habitude de faire quand j'étais plus jeune. À un moment donné, je me suis effondré tout seul dans l'attente du Seigneur. Je pensais vraiment que les gens viendraient et trouveraient mon corps au sol. À ce moment que j'ai réalisé que je n'étais pas aussi fort que j'avais l'habitude de l'être. À une autre occasion, j'ai reconnu au moins trois maladies différentes qui se développaient en moi en raison de la persistance du jeûne, et je savais que la nuit était venue lorsque je n'étais plus en mesure de jeûner autant que je le souhaitais vraiment.

e. Parfois, la nuit se présente parce que vous avez obtenu un diplôme d'une école à laquelle vous avez appartenu pendant de nombreuses années. Toutes les occasions de gagner des âmes et de prêcher la Parole de Dieu dans cette école ont disparu à jamais.

f. Parfois, la nuit vient, parce que vous êtes obligés de voyager ou de partir d'un pays ou d'un lieu précis. Beaucoup de gens ont dû quitter leur pays ou une région à cause de la guerre, la situation économique ou les questions d'immigration. Ceci a provoqué la tombée de la nuit pour beaucoup de chrétiens bien intentionnés qui voulaient continuer l'œuvre de Dieu dans un lieu spécifique.

g. Enfin, la nuit vient parce que c'est la fin de votre vie sur cette terre. La mort est la dernière sortie et inévitable pour nous tous dans le monde d'aujourd'hui. Cette nuit-là arrive à tout Homme qui est né sur cette terre. Mais avec surprise, combien d'entre nous, pensent même que cette réalité adviendra un jour ou l'autre.

4. *Vous devez racheter le temps parce que c'est la seule chose rationnelle à faire de votre vie.*

Malheureusement, beaucoup de gens ne traitent pas le temps et l'occasion comme une marchandise particulière. Le temps est chose rare et précieuse, que Dieu donne à chacun d'entre nous. C'est la seule chose que vous ne pouvez pas reprendre ou rattraper. Quand il est parti, il est parti pour toujours. Avertissement de Dieu pour nous est d'utiliser le temps dont nous disposons sur la terre pour en faire autant pour lui que possible. Nous devons travailler pendant qu'il fait jour. La seule chose rationnelle à faire de votre vie est de racheter le temps pour accomplir l'œuvre du Seigneur.

Tous nos jours sont passés dans ta colère : nos années passent comme une histoire qui est racontée. Les jours de nos années sont des années soixante-dix, et si, en raison de la force qu'ils soient quatre-vingts ans, est encore la force de leur travail et de la douleur, car il est bientôt coupée, et nous nous envolons.

Qui connaît la puissance de ta colère ? Malgré la crainte à ton égard, Enseigne-nous à bien compter nos jours, si bien que nous puissions appliquer nos cœurs à la sagesse.

Psaume 90:9-12

Le poème ci-dessous est la lamentation d'un jeune homme qui avait reçu l'appel de Dieu et une possibilité de servir le Seigneur. Il n'a pas saisi cette occasion et a agi comme s'il allait vivre éternellement. Le poème décrit la façon dont les réalités de la vie l'ont rattrapé et il a échangé une vie glorieuse contre les richesses futiles de ce monde. Lorsqu' il revint à de meilleurs sentiments, il était déjà trop tard pour rattraper le temps qu'il avait perdu.

Le lever du soleil et les cieux sont justes
Une journée toujours commence sans souci
Une journée de joie, un jour de loisirs
Une journée de sensations fortes, une journée de plaisir
Les jeunes sont joyeux et profitent des jours d'une jeunesse
gaie
La grande moissonneuse semble au loin

Mais il y a un appel, « c'est la voix du maître »
J'ai besoin de toi aujourd'hui, tu dois faire un choix
Une récolte est en attente et les champs sont prêts
Faut-il rejoindre les moissonneurs en cette journée ?
Réveillez-vous, oh les jeunes, regardez la vision céleste !
Parce que nombreux, nombreux sont dans la vallée de la
décision.

Le soleil du matin au-dessus de la terre, un cri de détresse au
milieu des païens
Des scènes de joie naissent et meurent, y a t-il personne pour
les entendre pleurer ?
« Oh oui, » dit le jeune homme, nous sommes prêt à
Les aider dans cette récolte jusqu'au jour où se sera
complètement fait,
S'attardant sur un soleil un peu plus haut, soleil de midi
Vous entendrez bientôt parler de moi.
J'ai épousé une femme, j'ai un bien à exploiter
Cinq paires de bœufs pour moi
Je vais bientôt répondre à l'appel, je vais rejoindre le groupe
Pour donner un coup de main des moissonneurs
Mais il continua sa route ; il avait une affaire en main

Soleil d'après-midi et lumière d'après-midi
Le minerai d'or hâta son envol
La conscience demeure, et la mémoire est lente.
De la richesse; il en avait acquise, mais il en redemandait
Nombreux furent les biens qu'il affichait fièrement,
maisons et granges, terres et fermes
Ruisseaux et étangs, actions et obligations
Poulets et porcs, forêts et journaux
Cultures et champs, prairies et meules de foin
Vergers et petits fruits, vignes et cerises
Le jour croissait et bientôt déclinait
Et toujours l'homme riche prenait du plaisir
Car une voix sinistre avait parlé et disait
« Dans la joie, dans la dance,
Vas de l'avant et réjouis-toi autant que possible
Tu es un homme du temps, tu as 2 m de haut »
Il vit encore le temps pour l'appel
Mais un peu plus joyeux et un peu plus gaieté
Et les heures s'amenuisaient jusqu'à épuisement
Du lever au coucher du soleil
Le jour se perdait sur le mur de l'Ouest
Avec la tombée du soir, le couvre-feu s'installe
La journée sombra dans un crépuscule rouge
À mesure que se précipitaient le grand nombre dans le séjour
des morts

L'homme dit enfin, « je suis prêt », « je suis prêt »
Mais une poignée de main n'a pas pu tenir bon
Ses cheveux en grains, étaient devenus gris
Mais il pensait que c'était hier
Hélas, ce fut le temps de la récolte, il était trop tard
Pour sauver ceux qui s'étaient livrés à une vie hors du Christ

Où est l'argent, où est l'or ?
Où sont les biens à une autre âme ?
Où sont les moutons qui peuplaient la colline ?
Et où sont les bêtes qui ont bu à la rivière ?
Où sont les granges qui ont été remplis d'abondance ?
Et où sont les cent vingt pur-sang ?

Où est l'héritage ? Où sont les trésors ?
Où est le rire? Où sont les plaisirs?
Où sont les porteurs? Où est le vin?
Où sont les délices? Et les dîners copieux?
Le soleil fondit. Et la nuit se déchaina
L'été est passé, la récolte est terminée
Hélas, pour avoir eu une chance pendant si longtemps !!
Une vie perdue était-ce prévue !!
Après le coucher du soleil, le lever de la lune
Que reste t-il du trésor de l'homme riche ?
Allez dans la vallée pour voir la montagne depuis le sommet
Et regardez le marbre immobile
Des trésors étaient offerts dans le ciel
Mais il a plutôt choisi
La récompense froide que la mort ne pouvait épargnée !

Et qu'en est-il de nous qui vivons nos jours ?
Ceci est la demeure où nous ne resterons pas
L'appel à la récolte sera donné jusqu'à ce qu'elle se termine
Travaillez maintenant, travaillez vite, et venez mon ami
Embrassez une aube nouvelle et un lever de soleil nouveau
Jusqu'à ce que le maître fidèle donne la récompense

5. **Vous devez rattraper le temps car vos jours seront peu nombreux et plein de troubles.**

Mon cœur était chaud en moi, pendant que je rêvais Le feu a brûlé, puis j'ai parlé avec ma langue : SEIGNEUR, fais-moi connaître ma fin et quelle est la mesure de mes jours ; laisses-moi découvrir mon caractère éphémère.

Voici, Tu as donné à mes jours une forme de palmes, Et tu as rendu ma vie insignifiante à Tes yeux ; Oui, tout homme à son meilleur niveau est un simple souffle. Selah.

Oui, tout homme se promène comme un fantôme ; Oui ils font du bruit pour rien ; Il amasse les richesses et ne sait pas qui va les rassembler.

Ecoute ma prière, Éternel, et prête l'oreille à mes cris ! Ne sois pas insensible à mes larmes ! Car je suis un étranger chez toi, Un habitant, comme tous mes pères. Détourne de moi le regard, et laisse-moi respirer, Avant que je m'en aille et que ne sois plus !

Psaume 39:3-6, 12-13 (NASB)

L'homme né de la femme ! Sa vie est courte, sans cesse agitée.

Job 14:1

Même si vous voulez servir le Seigneur, vous vivez dans un monde réel qui est plein de beaucoup de troubles divers. Ces troubles constitueront de parfaites distractions aussi longtemps que vous vivrez. Les troubles de ce monde seront aussi de profondes déceptions pour vous. Ces déceptions ont déjà conquis le cœur de millions de personnes. En raison de la multitude de problèmes dans la vie, peu de gens pensent à l'éternité et à la réalité de l'Enfer et du Ciel, même si elle se trouve à quelques pas de nous tous.

En effet, une astuce trompeuse a été diffusée sur la race humaine. Des millions de personnes passent dans l'éternité sans se rendre compte des grands dangers qui se trouvent juste devant eux. Les riches et les pauvres iront en enfer parce qu'ils ne connaissent pas Jésus-Christ. Quelle sera la grande surprise de beaucoup de pauvres quand ils découvriront que leurs problèmes ne feront que s'intensifier, car ils descendent en Enfer. Pouvez-vous imaginer le choc des masses pauvres/malades qui meurent seules et descendent dans l'abîme où il y a encore plus pleurs et des grincements de dents ?

Mais pouvez-vous imaginer le choc encore plus grand qui guette les millionnaires, les grands de ce monde, les politiciens et les multitudes qui vivent une bonne vie sur cette terre, lorsqu'ils meurent instantanément et descendent dans les ténèbres de l'abîme ? Pouvez-vous imaginer leur frayeur lorsqu'ils entendent le bruit des pleurs et des cris des masses qui sont englouties par les vagues déferlantes et gigantesques des flammes de l'étang de feu et de soufre ?

Quelle vie dangereuse que de vivre à la lisière d'un tel abîme, ne clignez jamais de l'œil quand un avertissement sur la damnation éternelle est sonné ! Un millionnaire m'a dit : « Je vais tenter ma chance. Je crois en ce qu'il n'existe ni Paradis ni Enfer.» Un autre homme riche dit : « Il n'y a rien comme l'enfer et il n'y a rien comme le diable. Je nommerai mon enfant Lucifer pour vous prouver que je ne crois pas qu'il existe un brin de vérité concernant le Paradis, l'Enfer ou le Diable.»

Il est étonnant que le monde fasse un film et l'appelle « Cliff Hanger » ! En effet, il est si effrayant de voir des gens s'accrocher à des falaises dangereuses mettant leurs vies en péril. La réalité n'est pas un film où l'on est suspendu à une falaise ! Le monde entier est réellement suspendu à une falaise de toute façon ! Il suffit de regarder autour de vous et vous pourrez voir les âmes qui tombent des falaises de la vie quotidienne. Vous verrez beaucoup d'autres qui se foutent qu'ils soient sur le point de tomber de la même falaise alors que leurs amis viennent de le faire.

6. *Vous devez racheter le temps parce que votre vie sur terre est semblable à un contrat à durée déterminée.*

N'y a-t-il pas un temps de guerre limité à l'homme sur la terre ? et ses jours ne sont-ils pas comme les jours d'un mercenaire ? Comme le serviteur soupire après l'ombre, et comme l'ouvrier attend son salaire; Ainsi il m'a été donné pour mon partage des mois qui ne m'apportent rien; et il m'a été assigné des nuits de travail.

Job 7:1-3

Il y a un temps fixé pour les hommes sur cette terre. Au moment où j'écris ce livre, je suis conscient que mon temps est fixé. Parfois je me dis, « Combien de temps encore serai-je ici ? Quand vais-je partir ? Comment vais-je sortir de ce monde ? » Ce sont des questions que je me pose tout le temps. Je pense à l'éternité parce que je sais que la date de mon entrée dans l'éternité est déjà fixée. Chaque jour me rend plus proche de cette date pour laquelle mon contrat avec cette vie sera terminé. Savez-vous que votre date de décès a déjà été déterminée ?

Il n'y a pas de circonstances nouvelles qui se liguent ensemble pour vous éliminer de ce monde. Votre date de décès est fixée. Il nous suffit simplement de nous lever et de travailler lorsqu'il est encore temps, en rachetant le temps et en demeurant sage.

7. *Vous devez racheter le temps parce que votre vie courte est une période encore plus courte d'importance et fécondité.*

Il naît, il est coupé comme une fleur ; Il fuit et disparaît comme une ombre.

Job 14:2

Vous qui ne savez pas ce qui arrivera demain ! Car, qu'est-ce que votre vie ? Vous êtes une vapeur qui paraît pour un peu de temps, et qui ensuite disparaît.

Jacques 4:14

L'herbe est séchée, et la fleur est tombée, parce que le vent de l'ÉTERNEL a soufflé dessus ; VRAIMENT LE PEUPLE EST COMME L'HERBE. L'herbe est séchée, et la fleur est tombée ; mais la Parole de notre Dieu demeure éternellement.

Esaïe 40:7-8

En effet, votre vie sur cette terre est courte. Mais réfléchissez-y ; votre vie courte AURA une période encore plus courte productivité dans le Seigneur. Vous ne serez en mesure de faire certaines choses pour le Seigneur que dans une *période particulière* de votre vie. Avant cette période, votre marquoir de productivité n'affichera rien. Pensez à Jésus. Il a vécu pendant trente trois ans, mais Sa période de ministère ne dura que trois ans. Il travailla pour Dieu juste pendant les trois ans de Ses trente trois ans, ce qui ne représente que 9% de Sa vie entière sur la terre.

En réalité, nous avons une très, très courte période de service de productivité pour Jésus. Donnons ce que nous avons de notre mieux pour le Seigneur !

Chapitre 18

Le Christianisme évangélique efficace

J'ai grandi dans un foyer Chrétien et de fait assistais à l'église chaque dimanche. Je dois être honnête, je trouvais l'église très ennuyeuse. Je détestais les chants longs et ennuyeux et je ne pouvais pas comprendre les sermons. Les prêtres semb-laient irréels et distants.

Je me souviens être au milieu de nombreux services religieux ennuyeux et dépourvus de vigueur. Ma principale préoccupation était de prévoir la fin du service. J'étais en mesure de compter le nombre de chants sur l'écran et d'estimer l'heure de fermeture du service eucharistique.

Vous voyez, beaucoup de prêtres et de nombreux membres d'église ne sont pas nés de nouveau. Ils sont ce qu'on pourrait appeler les chrétiens traditionnels. Un jour, alors à l'église, l'un des prêtres qui, je pense était un incroyant a énoncé au pupitre le nombre de bières que toute l'église avait bu la veille à une célébration à l'église. Le prêtre poursuivit en disant que l'un des membres lui devait un carton de bière. En plaisantant, les membres lui apportèrent ledit carton de bières à sa maison. Évidemment, il n'y avait rien de spirituel ou de significatif dans la célébration.

Je peux comprendre pourquoi beaucoup de jeunes ne vont plus à l'église. C'est tout simplement un rituel insensé, sans vie et ennuyeux. Si le pasteur n'est pas un Chrétien né de nouveau, vous ne pouvez pas vous attendre à ce que de nombreux membres soient aussi nés de nouveau.

Quand j'ai fréquenté l'école secondaire pour la première fois, à l'âge de douze ans, j'étais un incroyant. Et c'est à ce moment que je suis entré en contact avec de « vrais » Chrétiens nés de nouveau. Ils étaient tous membres de la Ligue pour la lecture de la Bible.

Bien qu'ils semblaient être de vrais croyants, rien chez eux ne m'a attiré. Je me souviens d'un soir en particulier, lorsque le chef a annoncé qu'il allait y avoir une réunion de la Ligue. Je me suis dit : « Qui va assister à une réunion si ennuyeuse ? » Ces chrétiens ne sont pas attrayants du tout. Ils firent des annonces faibles et sans vie nous invitant, nous les égarés, à les rejoindre. En fin de compte, il n'était pas question pour moi de rejoindre ce groupe sans intérêt. Je ne peux toujours pas me souvenir de manière dont j'ai finalement adhéré à la Ligue. Je crois que l'Esprit de Dieu a travaillé en moi et m'y a attiré sans que je le sache !

Beaucoup de chrétiens sont authentiques et ont un vrai message à donner. Mais pour qu'un message ait un impact, il doit être convaincant. Il faut amener l'auditeur à changer ! Le message du Seigneur Jésus-Christ doit persuader égarés à prendre une décision pour Christ.

Et Jésus dit : un homme fit un grand souper, et y convia beaucoup de gens : Et à l'heure du souper il envoya son serviteur pour dire aux conviés : venez, car tout est déjà prêt.

Mais ils commencèrent tous unanimement à s'excuser. Le premier lui dit : j'ai acheté un héritage, et il me faut nécessairement partir pour l'aller voir ; je te prie, tiens-moi pour excusé. Un autre dit : j'ai acheté cinq couples de bœufs, et je m'en vais les éprouver ; je te prie, tiens-moi pour excusé. Et un autre dit : j'ai épousé une femme, c'est pourquoi je n'y puis aller.

Ainsi le serviteur s'en retourna, et rapporta ces choses à son maître.

Alors le père de famille tout en colère, dit à son serviteur : va-t'en promptement dans les places et dans les rues de la ville, et amène ici les pauvres, et les impotents, et les boiteux et les aveugles. Puis le serviteur dit : Maître, il a été fait ainsi que tu as commandé, et il y a encore de la place.

Et le maître dit au serviteur : va dans les chemins et le long des haies, et [*anagkazo*], contrains-les d'entrer, afin

que ma maison soit remplie. Car je vous dis qu'aucun de ces hommes qui avaient été conviés ne goûtera de mon souper.

Luc 14:16-24

Cet homme a connu l'expérience malheureuse de dépenser beaucoup d'argent pour une grande fête, en invitant des personnalités importantes, tout ceci pour se rendre compte en fin de compte que la plupart d'entre eux n'étaient pas intéressés. Cet homme était très surpris que son invitation ait été déclinée. Il se mit en colère en entendant les excuses de ceux qu'il avait invités. Dans sa colère, il décida d'inviter tout le monde qu'il trouvait dans la rue. Imaginez une fête avec des gens que vous ne connaissez même pas !

Malheureusement, à cette heure de la nuit, il n'y avait pas beaucoup de gens autour. Même après avoir invité ceux de la rue, sa fête était relativement vide. Il décida ensuite d'inviter les malades, les aveugles et les handicapés. Imaginez un peu ! Quel choix inhabituel de fêtards ! Sa fête était pleine des refoulés de la communauté, les défavorisés.

Cette histoire est symbolique et parle de Seigneur Jésus nous appelant à amener les gens à Lui. Elle est aussi symbolique comme l'histoire des pasteurs envoyant leurs membres pour évangéliser le monde. Chaque fois que j'ai été embarqué dans l'évangélisation, (en invitant de nombreuses personnes à un grand souper), j'ai rencontré les mêmes difficultés que cet homme.

Toutefois, je crois que cet homme a fait une fête réussie, en dépit de tout. La fête eu lieu et sa maison était pleine d'invités. Les choses ne se sont peut être passées comme il l'avait prévu initialement, mais il fit tout de même sa fête.

Vous voyez, Dieu envoie des évangélistes inviter l'ensemble du monde à connaître Christ. Malheureusement, beaucoup de ceux qui sont invités déclinent l'invitation. Les Juifs ont été les premiers à être invités à connaître le Seigneur, mais ils ont rejeté le Christ. Ce fut ensuite le tour des païens recevoir leur invitation.

Nombreuses sont les personnes de l'élite qui vivent dans les grands centres urbains, et qui entendent l'Évangile à plusieurs reprises. Toutefois, ils ne reçoivent pas l'Évangile. Au lieu de cela, ils critiquent les prédicateurs qu'ils voient à la télévision. Pour cette raison, l'Évangile est transmis à ces pauvres gens qui acceptent volontiers de recevoir la Parole de Dieu.

Dans le passage ci-dessus, l'homme demandé à ses proches de contraindre les gens à venir chez lui. Le mot *contraindre* a été traduit du mot grec « *anagkazo* » qui signifie nécessiter à conduire, et à contraindre par tous moyens tels que la force, la menace, la persuasion et les prières.

Pourquoi nous devons être énergiques

1. Un christianisme avec une méthode persuasive est important parce que le christianisme non percutant à faible impact évangélique ne fonctionnera pas sur cette génération.

Les gens ne vont pas être convaincus ou forcés de connaître Dieu à travers nos petits jeux d'église. Nos programmes inintéressants d'anniversaire d'église et les bazars n'inciteront pas le monde à prêter attention.

2. L'agressivité est importante parce que nous devons aller sur toutes les autoroutes et les chemins avec l'Évangile.

Si les gens sont touchés par l'Évangile, en d'autres endroits comme, les autoroutes et les buissons alors cette stratégie doit être employée. Rester assis dans l'église et inviter les gens a longtemps été une stratégie impraticable pour l'évangélisation.

3. Sans évangélisation agressive et impérieuse votre église sera vide.

N'oubliez pas que si cet homme n'avait pas employé la stratégie d'*anagkazo*, il aurait eu une maison vide. N'oubliez pas également qu' « Un pasteur sans *anagkazo* aura une église vide. »

4. Sans un ministère impérieux et contraignant votre église va diminuer naturellement.

L'appartenance à une église est très instable. Beaucoup de gens viennent mais beaucoup de gens partent aussi. Si vous n'avez pas plus de gens qui viennent pour combler le nombre de ceux que partent, alors votre église commencera à se vider. Si vous ne voulez pas que votre église ferme, vous devez faire ce que Jésus a ordonné - sortir et obliger les gens à venir.

5. La vie est de plus en plus intense au 21ème siècle. Les personnes occupées qui travaillent vont avoir de plus en plus d'excuses.

La stratégie d'*anagkazo* vous aidera à surmonter ces excuses. Permettez-moi maintenant de vous guider à travers ce que j'appelle les mesures concrètes d'*anagkazo*. Ces étapes sont issues de l'histoire que nous venons de lire dans Luc 14.

Dix étapes pour être persuasif et contraignant dans l'évangélisation

1. Préparer un grand souper.

Celui qui veut être utilisé par Dieu doit se préparer pour le ministère. Aujourd'hui, Dieu m'utilise dans le ministère. Cela n'est pas possible sans sacrifier des milliers d'heures de préparation. Je sais que les sermons que j'ai prêché à dix personnes il y a quelques années sont les mêmes sermons que je prêche à des milliers aujourd'hui. Prêcher à un petit groupe de dix personnes a été le cadre de la préparation de Dieu pour moi. Donc, si vous voulez que Dieu vous utilise puissamment, vous devez commencer à vous préparer dès maintenant ! Profitez de chaque occasion que vous avez pour faire quelque chose d'utile pour l'église.

Il y a des années, je me souviens je jouais de la batterie et du piano dans mon église. Bien que je ne le savais pas à l'époque, ceci faisait partie de ma préparation pour le ministère. Aujourd'hui, je sais beaucoup de choses sur la musique et je peux discuter intelligemment de tout ce qui concerne la musique, le culte ou le matériel musicale. Mon expérience avec le département de musique a été un atout précieux pour moi.

2. *Ne le gardez pas pour vous mais influencez le plus grand nombre de personnes.*

Vous remarquerez que cet homme en Luc 14 a organisé un grand souper et a invité de nombreuses personnes. Une des principales raisons pour laquelle l'évangélisation ne se fait pas c'est parce que les chrétiens s'enferment sur eux mêmes. Vous ne pouvez pas vous enfermer sur vous mêmes si vous voulez être un témoin efficace du Seigneur Jésus-Christ. Quand vous vous asseyez dans un bus, vous pouvez décider d'être sympathique avec les personnes à proximité. Commencez à parler aux gens autour de vous. J'essaie toujours de partager l'Évangile avec les gens autour de moi. J'ai toujours cru que j'ai de bonnes nouvelles au sujet de Jésus. Il m'a sauvé et m'a libéré.

Pendant ma deuxième année de médecine, nous avons vécu dans un merveilleux campus de Legon. Nous étions transportés quotidiennement de l'autre côté de la ville où était situé un centre de formation hospitalier. Ceci impliquait une heure de voyage en bus d'un bout de la ville à l'autre. Je me souviens qu'un jour alors que j'étais assis dans le bus, je regardais quelques collègues plus âgés sortir des préservatifs et souffler à l'intérieur pour en faire des ballons avant de la faire s'envoler dans l'autobus. Comme ces étudiants criaient et riaient en faisant leurs plaisanteries obscènes, j'ai réalisé combien ils étaient confiants dans ce qu'ils faisaient. Nous, les chrétiens étions assis timidement dans le bus comme des moutons effrayés.

C'est à cet instant que j'ai décidé de ne plus me replier sur moi. J'ai eu l'attention de tous dans le bus et me suis mit à prêcher. En ce temps là, prêcher dans le bus était inhabituel. Certains étudiants étaient en colère contre moi et d'autres étaient touché. Certains se sont penchés à la fenêtre en signe de désapprobation, mais j'ai continué à prêcher ! J'ai décidé de ne plus garder la

Parole de Dieu pour moi. J'ai décidé d'être comme l'homme dans Luc 14.

Une personne *anagkazo* ne garde rien pour lui. Une fois, j'ai vécu à Londres où je me sentais étouffé par l'atmosphère spirituelle froide de cette ville. J'étais habitué à prêcher partout et n'importe où. Tout le monde semblait si hostile et indifférent au christianisme.

Un jour, alors que j'étais assis à l'étage supérieur d'un bus impériale, l'esprit d' *anagkazo* s'éveilla en moi et je me suis dit : « je ne peux pas garder cette Parole pour moi plus longtemps. »

Je me levais à la grande surprise de tout le monde dans le bus, j'ai commencé à frapper des mains pour attirer leur attention. Je vous le dis, j'avais peut-être l'air audacieux de l'extérieur, mais j'avais peur à l'intérieur. Toutes types de regards hostiles étaient tournés vers moi dans ce bus. Mais j'ai gardé mon sang-froid et j'ai pu prononcer mon sermon complet.

Le bus était calme pendant quelques minutes pour écouter ce jeune homme fou prêcher. J'ai pris ma place, après la prédication et suis descendu à l'arrêt suivant. Un monsieur, qui descendait de l'autobus avec moi, me dit : « J'admire votre courage ! Mais je ne pense pas que tu sois avancé du tout ». Que je sois avancé ou pas n'était pas ce qui importait le plus. Ce qui importait, c'était de prêché la bonne Parole. Et la Parole accomplit toujours quelque chose lorsqu'elle est prêchée.

...Ma parole qui sort de ma bouche...Il est d'accomplir ce que je s'il vous plaît...

Ésaïe 55:11

Comme vous le constatez, la forme la plus efficace pour gagner des âmes à notre époque moderne, va être le type *anagkazo*. La gentillesse et la douceur ne vous mèneront nulle part.

3. *N'annulez pas votre programme à l'église.*

Chaque pasteur, en passant par le processus normal de croissance de l'église, va connaître des hauts et des bas. Mais un pasteur à l'esprit d'*anagkazo* n'annulera jamais un service à l'église. Il décidera de pousser de l'avant quelque soit le nombre de personnes qui assistent au service. Un de mes pasteurs m'a raconté comment une seule personne était venue à l'église, un dimanche en particulier. Il a dit qu'il ne s'était jamais senti demotivé. Toutefois, il a réussi à prêcher à cette seule âme et faire de son mieux pour le Seigneur.

Je me souviens de cette fois où nous avons eu une participation très faible pour un de nos services. Le Seigneur m'a dit de faire ce que cet homme dans Luc 14 fit :

« Sortez et invitez la communauté à l'église. »

J'ai dit : « Comment puis-je faire cela un dimanche ? »

Le Seigneur répondit : « Fais le simplement et tu seras béni. »

J'ai continué à discuter avec le Seigneur, « Que vont penser nos visiteurs du dimanche ? Nous allons chasser les gens de l'église. »

Cependant, le Seigneur a insisté, « Sortez et les contraignez les à entrer ».

J'ai obéi au Seigneur. J'ai annoncé à l'église que nous allions arrêter le service, allez dans la communauté et l'inviter les gens à assister au culte.

Je dis : « Nous allons sortir à la communauté pour la faire venir ».

Je l'ai annoncé, « Ce n'est pas une douce invitation. Chacun de vous doit tenir la main de quelqu'un que vous voyez là-bas et diriger la personne dans le bâtiment de l'église. »

Certains ont été pris de court. Mais nous l'avons fait ! Et nous avons apporté des centaines de ces gens « sans-église ». Cette journée, nous avons eu plusieurs personnes qui ont donné leur vie à Christ. Nous avons répété cette opération à de nombreuses reprises et pendant une période, et ce service particulier a augmenté considérablement en taille. Je n'étais pas prêt à fermer mon service en raison de la faible affluence. C'est ce que ferait tout pasteur à l'esprit d'*anagkazo*.

4. *N'ayez pas de réunion morte.*

Un pasteur travaillant avec l'esprit d'*anagkazo* n'est pas prêt à avoir un service d'église vide. Il y a plusieurs années alors que j'étais encore un étudiant en médecine, le Seigneur m'a demandé de commencer une église. Je n'avais pas de membres dans mon église. Pas même une seule âme à laquelle prêcher ! Mais je n'étais pas préparé à avoir une église vide.

J'étais encore étudiant lorsque le Saint-Esprit m'a dirigé vers la résidence universitaire des infirmières. Je me souviens de ce premier jour. Il était environ 5 heures du matin et faisait encore sombre. Me tenant à l'extérieur de la résidence, je frappais dans mes mains et réveillais les occupants. Ils pouvaient être dérangé mais cela de me troublait pas le moins du monde. Je leur prêchai au sujet de Jésus. Après que j'eu fini, je fis quelque chose de très audacieux. Je leur ai dit : « Si vous voulez donner vos vies au Christ, changez vos vêtements de nuit et portez quelque chose de décent et descendez. Nous aimerions vous parler du Christ dehors. »

Ce matin, plusieurs jeunes filles ont donné leur cœur à Dieu. Vingt ans plus tard, quelques- unes d'entre elles sont encore membres de mon église. Prêcher à l'aube aux gens encore dans leur lit est devenu l'une de mes méthodes préférées de mise en œuvre du principe d'*anagkazo*. Un matin, j'ai prêché à l'internat des infirmières en santé publique. Une dame jeta une note disant qu'elle était une rétrograde et avait besoin d'aide. Elle voulait que nous lui parlions. Ce matin, nous lui avons rendu ministère et Dieu l'a délivré. Cette femme est un membre fidèle de notre église depuis vingt ans.

Bien que j'aie commencé avec une classe vide, elle devint bientôt remplie d'infirmières qui avaient donné leur vie au Christ à mes émissions à l'aube *anagkazo*. Cher lecteur, je veux vous faire comprendre quelque chose. Je n'ai hérité d'une église de personne. Je me suis souvent retrouvé dans des endroits où je ne connaissais personne, et personne ne me connaissait. J'ai dû sortir et gagner des âmes, persuader les gens au sujet du Seigneur, jusqu'à ce que la salle soit pleine.

5. *Ne soyez pas dominés par les excuses des gens.*

Les gens ont pleins d'excuses pour des choses qu'ils ne veulent pas faire. Cet homme *anagkazo* dans la Bible (Luc 14) a écouté trois excuses amusantes justifiant pourquoi des personnes ne souhaitaient pas assister à sa fête. Toutefois il n'a pas été impressionné par une seule d'entre elles.

La première excuse fut celle de l'homme souhaitait acheter et essayer des bœufs dans la nuit. Tout le monde sait que personne n'essaie de bœufs dans la nuit. La seconde excuse deuxième fut celle de quelqu'un qui venait de se marier. Mais nous savons tous qu'un dîner aurait été une sortie agréable pour un couple nouvellement marié. La troisième excuse fut d'aller voir des terres dans la nuit. Permettez-moi de vous poser une question. N'évaluerez vous pas un lopin de terre avant de l'acheter ? Comment pourriez-vous vérifier un lopin de terre dans la nuit ? Pourriez-vous même le voir clairement Pourtant, quelqu'un utilisait cela comme excuse pour ne pas assister à la fête. Celui qui souhaite attirer l'attention les gens ne doit pas être trompé par les excuses de ces derniers. Il doit apprendre à surmonter ces raisons diverses.

Même pendant que vous prêchez de la Parole de Dieu, les gens forment des raisons dans leur esprit. Ils se développent en eux-mêmes des raisons de désobéir à ce que vous prêchez. Chaque bon prédicateur doit apprendre à prêcher contre les excuses des gens et leurs idées arrêtées. Jésus parla directement contre le raisonnement de la population et les excuses. Et ils le savaient !

...Car ils comprirent qu'il avait dit cette parabole CONTRE EUX.

Luc 20:19

6. *Sachez que beaucoup d'excuses sont sans fondement.*

Comme je l'ai dit plus tôt, beaucoup d'excuses ne peuvent pas être justifiés. Un bon ministre doit apprendre à voir à travers le vide des excuses. J'ai parlé à un ami, l'invitant à l'église. Il a évoqué à son tour la mauvais période à cause de la distance qu'il devait parcourir pour se rendre à l'église.

Je lui ai dit : « Vous êtes un homme d'affaires prospère. Tout ce que vous voulez faire, vous le faites. Vous voyagez. Vous vous levez tôt en semaine. Vous avez même le temps de visiter votre petite amie qui habite à quelques centaines de kilomètres. Comment se fait-il que vous n'ayez pas le temps pour Dieu ? »

Je lui ai dit : « Si vous voulez vraiment faire quelque chose, vous pouvez le faire. »

Certaines personnes ne paient pas la dîme, parce qu'ils disent qu'elles n'ont pas d'argent. Regardez les sommes d'argent consacrées à d'autres choses. Vous vous rendrez compte que le problème n'est pas un manque d'argent, mais quelque chose de plus sinistre.

7. Sachez que beaucoup d'excuses sont des mensonges.

Il y a beaucoup de maris qui utilisent comme excuses pour les insuffisances dans leurs relations spirituelles avec leurs femmes et vice versa. Je me souviens d'un événement de collecte de fonds dans notre église. Au cours de la collecte de fonds, le pasteur a demandé aux personnes généreuses de contribuer pour l'achat d'instruments de musique de l'église. Un mari qui se trouvait être un étranger était prêt à faire un don. Tandis qu'il levait la main, sa femme la rabaisse soudainement vers le bas. Elle pensait que le pasteur n'avait rien remarqué.

Après le service, la dame s'approcha du pasteur et lui dit : « Vous savez, la raison pour laquelle nous n'avons pas d'argent parce que mon étranger de mari est si avare ». Avant d'ajouter : « Je vais voir ce que nous pouvons faire ». Mais c'était un mensonge pur et simple. En fait, c'est son mari qui voulait faire don elle l'arrêta. Les gens utilisent des prétextes pour couvrir leur refus de servir Dieu. Vous devez apprendre à aller au-delà toutes les excuses que vous entendrez.

8. Frayez un chemin et ne donnez pas d'excuses.

Ce qui différencie le succès ou l'échec est la capacité à surmonter les excuses. Notez que l'homme dans Luc 14 n'a pas été touché par l'une des excuses et des raisons invoquées. Il a trouver un moyen de sortir de toutes les excuses qui ont été présentés par les invités qui ne voulaient pas.

Lorsque vous voulez vraiment faire quelque chose vous créer une opportunité, mais si vous ne voulez pas faire quelque chose vous faites créer des raisons ! Je me souviens de la période où de nombreux jeunes refusaient de venir à l'église. Les jeunes gens en particulier, font toutes sortes d'excuses. L'esprit d'*anagkazo* me saisi et je leur dit : « Si ils ne viennent pas à l'église ils viendront à une fête ».

Nous avons organisé une fête pour les jeunes dans une zone de la ville. Nous avons produit les cartes d'invitation et les avons distribuées aux jeunes dans la communauté. Ils étaient très heureux et se sont dit : « Ceci est une autre occasion de « faire du désordre ».

Je me souviens de ce soir-là en particulier, nous avions joué de la musique chrétienne optimiste et dansé avec les infidèles. L'un d'eux me dit plus tard qu'il se demande pourquoi il ne leur a pas été servi de la bière. À un point de la fête, nous sommes passés à la musique douce et nous avons dit que nous avions une annonce à faire.

À cet instant on pouvait voir un grand nombre de croyants endurcis assis autour. À leur grande surprise, je me levai et leur prêcha l'Évangile. Ils ont été surpris, mais encore ils ont donné leur vie à Christ. Beaucoup sont nés de nouveau cette nuit-là. J'ai pasteurs dans l'Eglise qui ont été sauvés lors de certains de ces surprises-parties d'évangélisation. Vous voyez, la Bible dit par tous les moyens, « sauvés en quelques un ».

Anagkazo signifie forcer et de amener des hommes à Dieu. Une personne *anagkazo* n'est pas émue par des circonstances défavorables. Nous n'avons pas été émus par le fait que ces jeunes hommes ne veulent pas assister au culte. Nous avions trouvé un moyen de contourner cela ! Apprenez à vous frayer un chemin où il n'y en a pas. Trouvez un moyen de surmonter toutes les excuses que les gens vous présentent.

9. *Sortez de votre cercle ordinaire de vie.*

Tout le monde a un cercle d'amis. Chose habituelle que tout le monde fait est de rester dans le cercle de ses amis et connaissances. Toutefois, tous ceux qui veulent être utilisés par Dieu doivent sortir de son groupe régulier. Vous remarquerez que l'homme *anagkazo* dans cette histoire a été forcé de sortir de son cercle de vie normal. C'est une réalité que nous devons relever si nous voulons s'il vous plaît Dieu !

Pendant ma jeunesse à Accra, j'avais un groupe d'amis. Une sorte de société élitiste composée d'enfants d'étrangers et de bourgeois. Lorsque j'étais enfant je prenais des vols en première classe et échangais principalement avec ceux de ladite classe supérieure. Je restais dans les villes internationales avec mon père. Mes loisirs étaient la natation et l'équitation. Vous pouvez imaginer que très peu de gens au Ghana pouvaient s'offrir de tels passe-temps.

Toutefois, il n'y avait guère de chrétiens dans ces milieux. lorsque je suis né de nouveau, je me suis trouvé projeté de ce cercle vers un groupe très différent. J'ai eu de meilleure compagnie, différente de ce que je avais auparavant. Dans le but de plaire à Dieu je ne pouvais plus passer beaucoup de temps dans ces milieux. Il n'y avait tout simplement pas de croyants dans ce groupe. Si vous voulez plaire Dieu, vous devrez sortir de votre cercle et faire connaissance avec d'autres groupes de personnes.

Je sais que l'homme riche dans cette histoire ne devrait normalement pas, avoir de communion avec les gens qui vivent en deçà de sa condition. Je sais que l'homme riche dans cette histoire ne devrait normalement pas interagir avec les estropiés, les aveugles et les handicapés. Toutefois, afin d'atteindre son but, il avait d'interagir avec des personnes d'autres milieux sociaux.

En 1984, j'étais le leader d'une belle association à l'université. Nous nous aimions tendrement, et étions de bonnes compagnies les uns pour les autres (en fait, j'ai trouvé ma femme dans ce groupe). Beaucoup de gens que je connaissais de ce groupe demeurent encore de bons amis pour moi jusqu'à ce jour. Toutefois, l'Esprit de Dieu m'a fait sortir de notre petit groupe et aller vers des personnes que nous ne connaissions pas. Je me souviens, certaines personnes n'étaient pas en faveur de l'expansion de notre belle petite bande.

« Si tu apportes plus de gens, nous perdrons quelque chose », disaient-ils. Il y a quelque chose de si spécial à propos de cette petite bande. C'est une petite famille adorable.

Mais j'ai mené ce groupe d'une sensibilisation à l'autre, conduisant et invitant les gens à venir au Seigneur. Je n'ai jamais été fatigué prêcher. Les gens ne sont pas fatigués de pécher, pourquoi devrions-nous être fatigués de propager l'Évangile?

Au cours de la deuxième année de médecine (qui en passant est l'année la plus difficile), j'ai conduit ce groupe pendant des émissions matinales, chaque samedi matin. Tout le nous connaissait. Ils étaient habitués nos voix qui sonnaient haut et fort tous les Samedis matin.

« Dieu merci pour notre belle petite association, » c'est ainsi que je m'exprimais. Pourtant nous devions aller au dehors et gagner des âmes. Nous devions sortir de notre petit cercle.

Après un certain temps, les incroyants ne sont plus impressionnés par nos sermons. Si vous n'évoluez pas par une nouvelle approche, une nouvelle méthode d'anagkazo, votre message sera ignoré.

Comme nous continuions à prêcher à l'aube, je me suis rendu compte que les gens se remettaient simplement au lit et nous ignoraient. Je me suis dit : « Nos messages mènent plus les gens vers le Seigneur. »

Mais l'Esprit du Seigneur me donna une idée lumineuse.

Étant donné que les gens étaient maintenant tellement habitués à entendre nos voix, nous devions faire quelque chose de nouveau. J'ai décidé d'envoyer un groupe se tenir devant les portes de leurs chambres.

J'ai dit au prédicateur de la matinée, « Dès que vous arriverez à l'autel, nous commencerons à frapper à leurs portes. »

Je lui ai dit : « Dites aux gens qui vous écoutent qu'ils vont entendre frapper à leur porte. S'ils veulent accepter le Christ, ils doivent ouvrir et nous allons entrer et les conduire au Seigneur. »

Le prédicateur suivit mes instructions. Tout à coup, ceux qui nous ignoraient nous prêtèrent leur attention. Nous frappions à leurs portes à 5 heures du matin ! Croyez-moi, beaucoup sont nés de nouveau glorieusement au cours de ces émissions matinales. Je me souviens en particulier d'un frère.

Il se moquait des Chrétiens qui parlaient en langues. Il se moquait du don de parler en langues. C'était quelqu'un qui pouvait se saouler la gueule et plonger dans l'un des nombreux étangs qui jalonnent le beau campus de l'Université du Ghana. Ce matin-là, pendant que mon ami l'évangéliste prêcha et dit : « Peut-être que vous entendez frapper à votre porte. Si vous voulez être né de nouveau ouvrez votre porte et quelqu'un viendra et vous conduira au Seigneur, » il m'est donc arrivé de frapper à la porte de ce jeune homme.

J'ai été surpris quand il ouvrit la porte pour nous accueillir. Il dit : « Je savais que vous viendriez dans ma chambre. Aujourd'hui c'est mon jour ! » Nous avons prié avec lui et il a donné son cœur au Seigneur, ce matin là. Jusqu'à ce jour, cet homme sert le Seigneur. Je rends gloire à Dieu pour tous les gens qui sont nés de nouveau quand nous sommes sortis avec conviction parler de la Parole. L'anagkazo fonctionne bel et bien !

10. Ne soyez pas satisfaits tant qu'il y aura de la place.

J'adore la chanson qui dit : *il y a de la place pour toi sur la croix.*

Un pasteur ne doit jamais être satisfait tant qu'il y a place dans l'église. L'homme dans cette histoire, envoya ses serviteurs tout simplement parce qu'il avait de la place.

...et pourtant il y a de la place.

Luc 14:22

Je crois que chaque église devrait prévoir plus de chaises qu'il y a de fidèles. La présence de bancs vides devrait motiver le pasteur à tendre la main jusqu'à ce que la maison soit pleine. L'essence même de l'évangélisation est d'avoir une église pleine.

...Invites [anagkazo] à entrer, afin que ma maison soit pleine.

Luc 14:23

L'évangélisation n'est pas destinée à être faite dans le vide. Elle devrait être liée à la croissance de l'église. Tous nos efforts pour amener les gens au Seigneur doivent porter des fruits. Nous devons voir nos efforts remplir l'église. Quel que soit le cas, un ministre doit voir qu'il est possible qu'il y ait toujours de la place sur la croix pour plus d'âmes. Je crois que si nous avons cet esprit, Dieu va nous utiliser pour remplir l'église.

Je n'ai jamais été satisfait de la taille de mon église. Lorsque nous avions dix personnes, j'en voulais vingt. Lorsque nous avons eu cinquante, j'ai rêvé d'une centaine. Lorsque Dieu m'a donné une centaine de personnes, je me suis dit : « Que se passerait-il si j'avais cinq cents personnes ? » Lorsque l'église comptait des centaines de fidèles, je me disais : « Que se passerait-il si nous avons des milliers ? »

Nous devons être motivés pour avoir une maison plus pleine. Ces mots continuent de sonner dans mon âme : « Cette maison qui est mienne pourrait très bien remplie ! Cette maison qui est mienne pourrait très bien remplie ! »

Cher ami Chrétien, n'oublie jamais qu'il y a encore de la place sur la croix.

Chapitre 19

Jean 3:16 – Le but immuable du Christianisme

Pour moi, c'est le plus grand verset dans la Bible. Il résume la raison de la venue de Jésus-Christ dans le monde. Je vois cette Parole comme l'essence de ma présence auprès de Dieu pour son Église. Je dois être capable de prêcher à partir de cette Parole durant des années, si besoin est. Je voudrais que cette Parole reste profondément ancrée dans mon cœur. Je tiens à la comprendre avec toutes ses ramifications. Je tiens à la prêcher. Je ne veux pas juste l'utiliser en guise de témoignage. Je tiens à dire à chaque église que Jean 3:16 demeure encore la Parole, la plus importante pour nous.

CAR DIEU A TANT AIMÉ LE MONDE QU'IL A DONNÉ SON FILS UNIQUE, AFIN QUE QUICONQUE CROIT EN LUI NE PÉRISSE POINT, MAIS AIT LA VIE ÉTERNELLE.

Jean 3:16

1. *Jean 3:16 offre la plus grande invitation de tous les temps.* C'est la grande invitation qui invite tout le monde entier à venir à Dieu. C'est la plus grande des invitations dont j'ai entendu parler. Et c'est une invitation présentée par nulle autre que Dieu Tout-Puissant. Ce thème de Dieu invitant les hommes à venir à Lui est répété tout au long de la Bible!

Venez, vous tous qui avez soif, venez aux eaux, et vous qui n'avez pas d'argent ; venez, achetez et mangez, Venez, achetez du vin et du lait sans argent et sans frais.

Ésaïe 55:1

Venez à moi, vous tous qui êtes fatigués et chargés, et je vous donnerai du repos.

Matthieu 11:28

Et il leur dit, Allez dans le monde entier, proclamez la bonne nouvelle à toute la création. Celui qui croira et sera baptisé, sera sauvé, mais celui qui ne croira pas sera condamné.

Marc 16:15-16

2. *Jean 3:16 offre l'amour de la plus grande personne ayant fait preuve d'amour.* Ce don d'amour vient du Dieu Tout-Puissant lui-même. Beaucoup de gens ont tort de répondre à l'amour des hommes et du mal, ils ressentent de la douleur au lieu de la joie qu'ils pensaient avoir. Comment pourriez-vous rejeter l'amour qui vient de votre Créateur, et Créateur de l'univers ? Les femmes sont tellement excitées à l'idée de devenir l'objet de l'amour et de l'attention d'un personnage important. Tant de femmes voudraient épouser des présidents, des millionnaires, des chefs et même les pasteurs. Cher ami, aucun de ceci ne peut se comparer à l'amour de Dieu Tout-Puissant lui-même. Tout au long de la Bible, la Parole édifie sur la façon dont notre Dieu est grand. C'est ce grand Dieu qui vous offre son amour.

Loue le SEIGNEUR, ô mon âme. O Éternel, mon Dieu, tu es si grand, que tu sois revêtu de splendeur et majesté.

Psaume 104:1

Tes voies, ô Dieu, sont sacrées. Quel dieu est aussi grand que notre Dieu ?

Psaume 77:13

Car je sais que l'Éternel est grand, et que notre Seigneur est au-dessus de tous les dieux.

Psaume 135:5

Car depuis le lever du soleil jusqu'à son couchant, Mon nom est grand parmi les nations, Et en tout lieu on brûle de l'encens en l'honneur de mon nom Et l'on présente des offrandes pures ; Car grand est mon nom parmi les nations, Dit l'Éternel des armées.

Malachie 1:11

3. ***Jean 3:16 donne le plus grand type d'amour.*** Il existe différentes sortes d'amour. L'amour dont nous parlons dans Jean 3:16 est le plus grand amour. C'est le véritable amour. Nous ne parlons pas d'une expérience sexuelle de trois minutes. Nous parlons d'une relation d'amour entre un Père qui est aux cieux et un indigne misérable comme moi. Wow! C'est un grand wow! Cet amour n'est pas quelque chose qui diminue ou prend fin lorsque les sentiments s'estompent. C'est un amour éternel. Tout au long de la Bible, la Parole enseigne à quel point l'amour de Dieu est unique et grand.

À peine mourrait-on pour un juste ; quelqu'un peut-être mourrait-il pour un homme de bien. Mais Dieu prouve son amour envers nous, en ce que, lorsque nous étions encore des pécheurs, Christ est mort pour nous.

Romains 5:7-8

Il n'y a pas de plus grand amour que de donner sa vie pour ses amis.

Jean 15:13

Nous tous aussi, nous étions de leur nombre, et nous vivions autrefois selon les convoitises de notre chair, accomplissant les volontés de la chair et de nos pensées, et nous étions par nature des enfants de colère, comme les autres : -- Mais Dieu, qui est riche en miséricorde, à cause du grand amour dont il nous a aimés, nous qui étions morts par nos offenses, nous a rendus à la vie avec Christ (c'est par grâce que vous êtes sauvés) ;

Éphésiens 2:3-5 (ASV)

4. ***Jean 3:16 offre l'amour au plus grand nombre de personnes jamais possible.*** Bon nombre de gens peuvent aimer une ou deux personnes. Beaucoup de femmes n'aiment que leur mari et leurs deux enfants. Elles n'ont ni le temps ni l'espace pour quelqu'un d'autre. Leur monde s'effondre quand elles réalisent que l'amour de leur mari n'est pas pareil au leur. Beaucoup de gens n'ont pas d'amour pour les gens qui ne sont pas de leur propre pays ou de leur tribu. Beaucoup de

gens n'ont aucun amour pour les Noirs ou les Blancs parce qu'ils sont différents. Jean 3:16 parle d'amour, de tolérance et de bonté qui est étendu à tous les types, toutes les couleurs, toutes formes et toutes tailles de personnes. Même dans le ministère, il est facile de constater combien certains pasteurs ont tout simplement des préjugés contre les autres tribus ou nationalités. Certaines églises ne peuvent pas croître au-delà de leur propre tribu. Et pourtant, aujourd'hui, Dieu nous montre qu'il est possible d'aimer un si grand nombre de personnes. La Bible révèle que Dieu a une grande passion, l'attirance et le désir d'avoir toutes sortes de gens qui viennent à lui.

Le Seigneur ne tarde pas dans l'accomplissement de la promesse, comme quelques-uns le croient ; mais il use de patience envers vous, ne voulant pas qu'aucun périsse, mais voulant que tous arrivent à la repentance.

2 Pierre 3:9

Je me dois aux Grecs et aux barbares, aux savants et aux ignorants. Ainsi j'ai un vif désir de vous annoncer aussi l'Evangile, à vous qui êtes à Rome.

Romains 1:14-15

5. *Jean 3:16 offre le plus grand don jamais offert à l'humanit*é. L'amour de Dieu et le salut ne peuvent être comparés à une somme d'argent qu'un homme peut vous donner. À quoi vous sert-il de gagner le monde entier et de perdre votre âme ? Le don de l'éducation, le don de l'argent, le don d'argent et d'or, ne peuvent être comparés au don du Fils de Dieu qu'on vous donne. Le don gratuit de Dieu c'est la vie éternelle en Jésus-Christ notre Seigneur. Je me sens si heureux que je partage ces réflexions avec vous.

Jésus répondit et lui dit : Si tu connaissais le DON DE DIEU, et qui est celui qui te dit : Donne-moi à boire, tu lui aurais demandé, et il t'aurait donné de l'eau vive.

Jean 4:10

Car le salaire du péché, c'est la mort ; mais le DON gratuit de Dieu, c'est la vie éternelle en Jésus-Christ notre Seigneur.

Romains 6:23

6. *Jean 3:16 enseigne sur l'action la plus importante qu'un être humain ne peut jamais prendre - Avoir foi en Jésus Christ.* Le simple fait de croire vous donne le droit au Paradis. Cette simple réalité fait de l'acte d'avoir foi le plus grand acte auquel un être humain pourrait se livrer, car rien d'autre ne peut vous mener au Paradis. Croire au Christ est la meilleure chose qu'un être humain ne puisse faire pour lui-même. Devenir éduqué, acquérir de l'argent, obtenir un visa, voyager à l'étranger, acheter une voiture, obtenir un Doctorat, ne sont rien en comparaison avec le simple fait de reconnaitre Jésus-Christ comme le Sauveur. Jésus-Christ Lui-même explique que le simple fait de croire en Lui est tout le travail que vous devez faire pour vous afin d'entrer au Paradis.

Alors ils lui dirent, que devons-nous faire, afin de réaliser les œuvres de Dieu ? Jésus répondit et leur dit : Ceci est l'œuvre de Dieu, que vous croyiez en celui qu'il a envoyé.

Jean 6:28-29

7. *Jean 3:16 offre la plus grande évasion de la prison connu de l'homme.* Cette grande invitation dans Jean 3:16, offre aux hommes la possibilité de faire la plus grande évasion de la plus horrible prison jamais créée.

Celui qui croit en lui n'est pas condamné, mais celui qui ne croit pas est déjà jugé, parce qu'il n'a pas cru au nom du Fils unique de Dieu.

Jean 3:18

Il n'y a pas de prison semblable à l'enfer. Il n'ya pas de torture et de tourments à ce que l'on retrouve en Enfer. Et pourtant, nous avons reçu la plus grande offre libération inconditionnelle de prisonniers jamais connue de vie d'homme. Il n'existe pas de scénario de film avec une si belle une histoire d'évasion si spectaculaire et si captivante que celle-ci. Jean 3:16 est la plus grande « carte de sortie gratuite de prison » jamais inventée. Ne pas aller en enfer – ne pas périr est la raison essentielle pour laquelle Jésus-Christ est mort sur la croix pour nous. IL ESSAYAIT DE NOUS SAUVER DE L'ENFER. Remarquez comment la Parole le dit : « afin qu'ils ne périssent point. » Comment pouvons-nous laisser le monde aller de l'avant et périr en enfer quand Jean 3:16 est écrit à son propos ? Comment les pasteurs peuvent-ils prêcher au sujet Jean 3:16 ? C'est la plus grande trahison au monde si nous vivons sans leur parler de l'enfer et comment y échapper.

> **Comment échapperons-nous, si nous négligeons un si grand salut, qui ayant premièrement commencé d'être annoncé par le Seigneur, nous a été confirmé par ceux qui l'avaient ouï ?**
>
> **Hébreux 2:03**

> **Or si ta main te fait broncher, coupe-la : il vaut mieux que tu entres manchot dans la vie, que d'avoir deux mains, et aller dans la géhenne, au feu qui ne s'éteint point ; Là où leur ver ne meurt point, et le feu ne s'éteint point.**
>
> **Marc 9:43-44**

8. *Jean 3:16 offre la plus grande destination vers le Ciel et de la vie éternelle.* Beaucoup de gens sont excités quand ils ont la possibilité de voyager pour un pays étranger. Il y a de l'excitation et de la joie parce qu'ils vont passer un bon moment. Cher ami, il n'y a jamais eu une destination plus excitante offerte à l'homme que le Paradis, la demeure éternelle de Dieu Tout-Puissant. En effet, Jean 3:16 a de nouveau offert à l'impensable et l'inimaginable aux simples humains que nous sommes. Est-il possible que cette invitation soit pour nous tous ? Les riches, les pauvres, les blancs, les noirs, les plus démunis, les oubliés et les célébrités ? Wow ! En effet, c'est un grand wow !

Car il attendait la cité qui a des fondements, et de laquelle Dieu est l'architecte, et le fondateur.

Hébreux 11:10

Toutefois ne vous réjouissez pas de ce que les esprits vous sont assujettis, mais plutôt réjouissez-vous de ce que vos noms sont écrits dans les cieux.

Luc 10:20

Mais amassez-vous des trésors dans le ciel, où ni les vers ni la rouille ne consument rien, et où les larrons ne percent ni ne dérobent.

Matthieu 6:20

Les livres de
Dag Heward-Mills

www.ingramcontent.com/pod-product-compliance
Lightning Source LLC
Chambersburg PA
CBHW060757050426
42449CB00008B/1435